# Einstern

## Mathematik für Grundschulkinder

**3**

**Themenheft 6**

⭐ Größenbereich Länge

⭐ Geometrie Teil 3 – Körper

⭐ Daten, Häufigkeit, Wahrscheinlichkeit

Erarbeitet von Roland Bauer und Jutta Maurach

In Zusammenarbeit mit der
Cornelsen Redaktion Grundschule

**Cornelsen**

# Einstern 3

Mathematik für Grundschulkinder
Themenheft 6
Größenbereich Länge
Geometrie Teil 3 – Körper
Daten, Häufigkeit,
Wahrscheinlichkeit

| | |
|---|---|
| Erarbeitet von: | Roland Bauer, Jutta Maurach |
| Fachliche Beratung: | Prof'in Dr. Silvia Wessolowski |
| Fachliche Beratung exekutive Funktionen: | Dr. Sabine Kubesch, INSTITUT BILDUNG plus, im Auftrag des ZNL TransferZentrum für Neurowissenschaften und Lernen, Ulm |
| Redaktion: | Agnetha Heidtmann, Friederike Thomas, Peter Groß, Uwe Kugenbuch |
| Illustration: | Yo Rühmer |
| Umschlaggestaltung: | Cornelia Gründer, agentur corngreen, Leipzig |
| Layout und technische Umsetzung: | lernsatz.de |

**fex** steht für *Förderung exekutiver Funktionen*. Hierbei werden neueste Erkenntnisse der kognitiven Neurowissenschaft zum spielerischen Training exekutiver Funktionen für die Praxis nutzbar gemacht. **fex** wurde vom **ZNL TransferZentrum für Neurowissenschaften und Lernen** (www.znl-ulm.de) an der Universität Ulm gemeinsam mit der **Wehrfritz GmbH** (www.wehrfritz.com) ins Leben gerufen. Der Cornelsen Verlag hat in Kooperation mit dem ZNL ein Konzept für die Förderung exekutiver Funktionen im Unterrichtswerk *Einstern* entwickelt.

**Bildnachweis**
**14.1–6** Viola Beyer   **22.A** Jean Vaillancourt/Coulorbox.com   **22.B** Shutterstock/Songquan Deng
**22.C** Shutterstock/junyyeung   **22.D** Shutterstock/Giancarlo Liguori   **22.E** Fotolia/© Manuel Schönfeld
#94520556   **22.F** Shutterstock/Ralf Siemieniec   **31.A** Shutterstock/photobank.ch   **31.B** Shutterstock/
elenaburn   **31.C** Shutterstock/Graham R Prentice   **31.D** Shutterstock/Irina Afonskaya
**31.E** Shutterstock/WitR   **45** Profilfoto Marek Lange, Berlin

**www.cornelsen.de**

1. Auflage, 6. Druck 2022

Alle Drucke dieser Auflage sind inhaltlich unverändert
und können im Unterricht nebeneinander verwendet werden.

© 2016 Cornelsen Schulverlage GmbH, Berlin
© 2018 Cornelsen Verlag GmbH, Berlin

Druck: Parzeller print & media GmbH & Co. KG, Fulda

ISBN 978-3-06-081791-7
ISBN 978-3-06-084233-9 (E-Book: alle Themenhefte Einstern 3)

**PEFC zertifiziert**
Dieses Produkt stammt aus nachhaltig
bewirtschafteten Wäldern und kontrollierten
Quellen.
**PEFC**
PEFC/04-31-1308   www.pefc.de

# Inhaltsverzeichnis

## Längen

| | | |
|---|---|---|
| *Längen in Zentimeter und Meter* | ★ Längenangaben finden und verstehen | 6 ☐ |
| | ★ Längenmaße verstehen | 7 ☐ |
| | ✵ Ein Balkendiagramm bei Längenvergleichen nutzen | 8 ☐ |
| *Längen in Millimeter,* | ★ Die Maßeinheit Millimeter kennenlernen | 9 ☐ |
| *Zentimeter und Meter* | ★ Streckenlängen in Zentimeter und Millimeter schätzen und messen | 10 ☐ |
| | ★ In Zentimeter und Millimeter messen und zeichnen | 11 ☐ |
| | ✵ Längen schätzen, messen und vergleichen | 12 ☐ |
| | ★ Längen schätzen und messen | 13 ☐ |
| | ✵ Mit Längenangaben in Zentimeter und Millimeter rechnen | 14 ☐ |
| | ★ Längenangaben mit Komma schreiben | 15 ☐ |
| | ✵ Weltrekorde in der Leichtathletik betrachten und vergleichen | 16 ☐ |
| *Längen in Millimeter,* | ★ Die Maßeinheit Kilometer kennenlernen | 17 ☐ |
| *Zentimeter, Meter und Kilometer* | ★ Längenangaben und Maßeinheiten passend zuordnen | 18 ☐ |
| | ★ Längenangaben in andere Einheiten umwandeln | 19 ☐ |
| | ★ Mit Längenangaben rechnen | 20 ☐ |
| | ✵ Im Spiel Fragen zu Längen beantworten | 21 ☐ |
| *Sachsituationen* | ✵ Unterschiede bei Höhen- und Entfernungsangaben bestimmen | 22 ☐ |
| *mit Längenangaben* | ★ Eine Bodensee-Radrundfahrt planen | 23 ☐ |
| | ★ Informationen aus einem Ortsplan entnehmen | 24 ☐ |
| *Sachaufgaben mithilfe* | ★ Skizzen als Lösungshilfen kennenlernen | 25 ☐ |
| *von Skizzen lösen* | ★ Aufgaben, Skizzen und Rechnungen finden und zuordnen | 26 ☐ |
| | ✵ Körperwachstum festhalten und darstellen | 27 ☐ |
| | ✵ Rund ums Kinderzimmer rechnen und messen | 28 ☐ |
| | ✵ Eine Skizze zeichnen und auswerten | 29 ☐ |

## Geometrische Körper

| | | |
|---|---|---|
| *Mit geometrischen Körpern* | ★ Würfel, Quader, Kugeln, Zylinder, Kegel und Pyramiden finden | 30 ☐ |
| *umgehen* | ✵ Körperformen an Bauwerken entdecken | 31 ☐ |
| | ✵ Körper herstellen | 32 ☐ |
| | ★ Körpereigenschaften entdecken, benennen und zusammenstellen | 33 ☐ |
| | ✵ Körperformen Namen und Eigenschaften zuordnen | 34 ☐ |
| | ★ Körpernetze herstellen und erkennen | 35 ☐ |
| | ★ Denkaufgaben zum Spielwürfel lösen | 36 ☐ |
| | ★ Mit Würfeln nach Bauplänen bauen | 37 ☐ |
| | ★ Würfelbauten aus verschiedenen Richtungen betrachten | 38 ☐ |
| | ✵ Würfelbauten untersuchen | 39 ☐ |

**Daten, Häufigkeit,**

**Wahrscheinlichkeit**

*Daten auswerten* ⭐ Verschiedene Schaubilder auswerten und vergleichen ..................... 40 ▢

✦ Ergebnisse in eine andere Darstellung übertragen ........................ 41 ▢

*Kombinatorik* ⭐ Alle Möglichkeiten finden ............................................. 42 ▢

*und Wahrscheinlichkeit* ⭐ Die passende Skizze und alle Möglichkeiten finden ....................... 43 ▢

✦ Logikrätsel lösen ................................................. 44 ▢

⭐ Glücksrad kennenlernen und erproben ................................. 45 ▢

⭐ Die Ergebnisse verschiedener Glücksräder einschätzen .................. 46 ▢

⭐ Glücksräder nach Gewinnchancen gestalten ........................... 47 ▢

⭐ Die Gewinnchancen von Losen bewerten ............................... 48 ▢

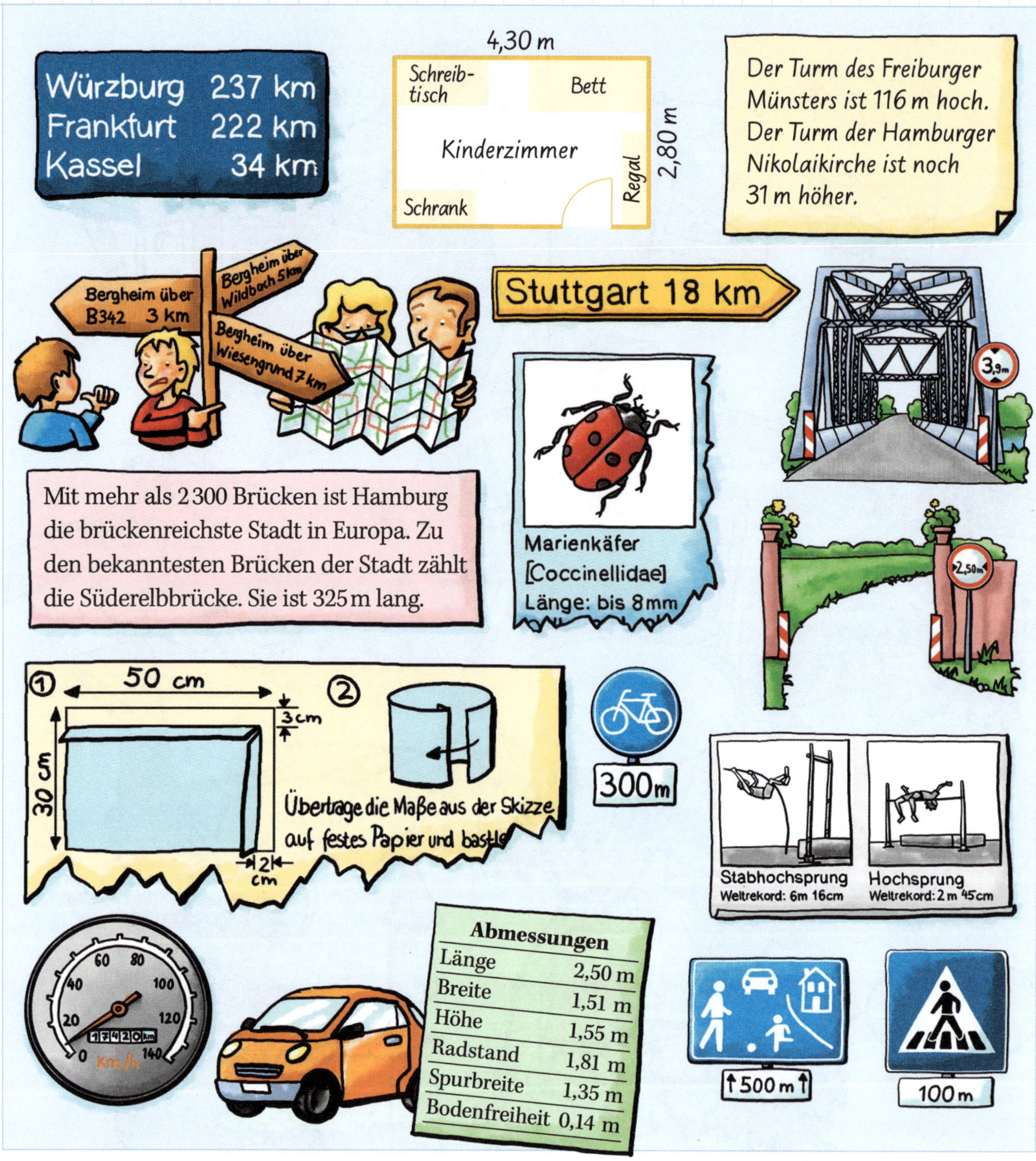

# Längenangaben finden und verstehen

Würzburg 237 km
Frankfurt 222 km
Kassel 34 km

4,30 m

Schreib-tisch

Bett

Kinderzimmer

Schrank

Regal

2,80 m

Der Turm des Freiburger Münsters ist 116 m hoch. Der Turm der Hamburger Nikolaikirche ist noch 31 m höher.

Bergheim über B342 3 km

Bergheim über Wildbach 5 km

Bergheim über Wiesengrund 7 km

Stuttgart 18 km

3,9 m

Mit mehr als 2300 Brücken ist Hamburg die brückenreichste Stadt in Europa. Zu den bekanntesten Brücken der Stadt zählt die Süderelbbrücke. Sie ist 325 m lang.

Marienkäfer [Coccinellidae] Länge: bis 8 mm

2,50 m

① 50 cm
3 cm
② 30 cm
2 cm
Übertrage die Maße aus der Skizze auf festes Papier und bastle

300 m

Stabhochsprung
Weltrekord: 6 m 16 cm

Hochsprung
Weltrekord: 2 m 45 cm

60 80 100 40 120 20 140 0
17420 km
km/h

| Abmessungen | |
|---|---|
| Länge | 2,50 m |
| Breite | 1,51 m |
| Höhe | 1,55 m |
| Radstand | 1,81 m |
| Spurbreite | 1,35 m |
| Bodenfreiheit | 0,14 m |

500 m

100 m

**1** Besprich mit einem anderen Kind, was die Zahlenangaben und Abkürzungen bedeuten.

**2** Längenangaben suchen

**a)** Suche in deiner Umgebung, in Zeitungen und Prospekten weitere Abbildungen mit Längenangaben.

**b)** Zeichne oder klebe diese Bilder in dein Heft.

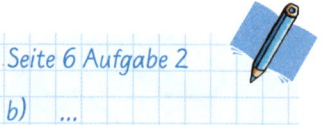

Seite 6 Aufgabe 2

b) ...

★ entnehmen Informationen und unterscheiden zwischen relevanten und nicht relevanten Informationen
★ geben Problemstellungen in eigenen Worten wieder
★ stellen Vermutungen über mathematische Zusammenhänge an

# Längenmaße verstehen

Seit 1875 ist die Grundeinheit unserer Längenmaße der Meter (m). Er wird in Zentimeter (cm) und Millimeter (mm) eingeteilt.
Eintausend Meter ergeben einen Kilometer (1 km).

| | | |
|---|---|---|
| 1 m | = | 100 cm |
| 1 cm | = | 10 mm |
| 1 m | = | 1 000 mm |
| 1 km | = | 1 000 m |

**1** Überlege gemeinsam mit einem Partnerkind, warum vor fast 150 Jahren genormte Maßeinheiten festgelegt wurden.

**2** Miss einige Längen mit deinen Körpermaßen:

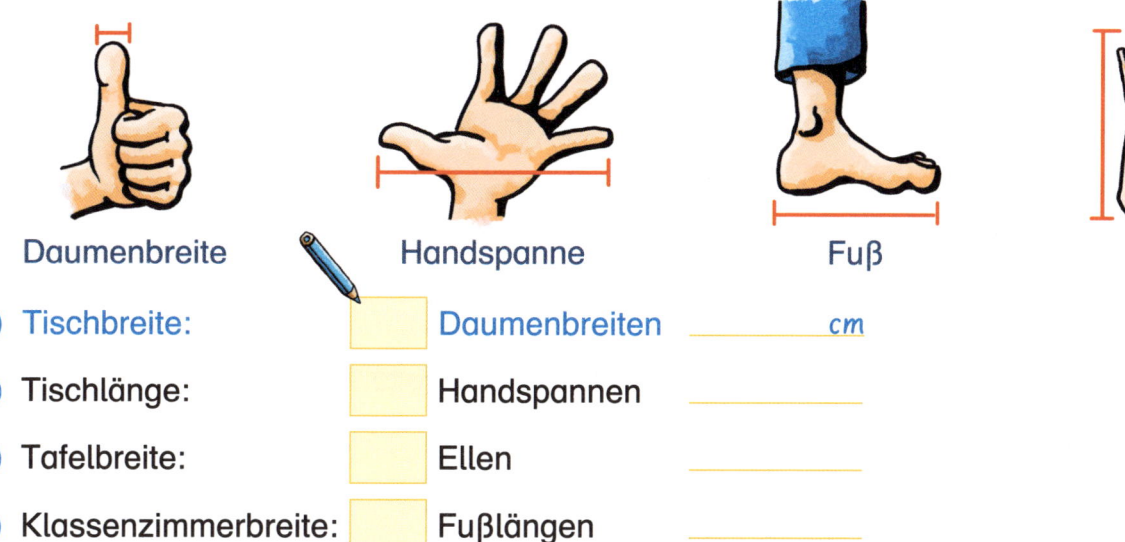

Daumenbreite        Handspanne        Fuß        Elle

a) Tischbreite: ☐ Daumenbreiten _____ *cm*

b) Tischlänge: ☐ Handspannen _____

c) Tafelbreite: ☐ Ellen _____

d) Klassenzimmerbreite: ☐ Fußlängen _____

**3** Miss die Längen von Aufgabe **2** in m und cm.
Trage deine Ergebnisse als Ergänzung bei Aufgabe **2** ein.

**4** Besprich deine Ergebnisse in den Aufgaben **2** und **3** mit einem Partnerkind.

a) Was stellt ihr fest?

b) Begründet, warum genormte Maßeinheiten notwendig sind.

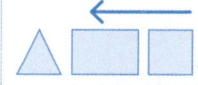

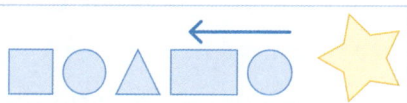

* messen Längen in Körpermaßen und in Metern und Zentimetern
* stellen Vermutungen über Zusammenhänge und Auffälligkeiten an
* erklären Beziehungen und Gesetzmäßigkeiten an Beispielen und vollziehen Begründungen anderer nach

 7

# Ein Balkendiagramm bei Längenvergleichen nutzen

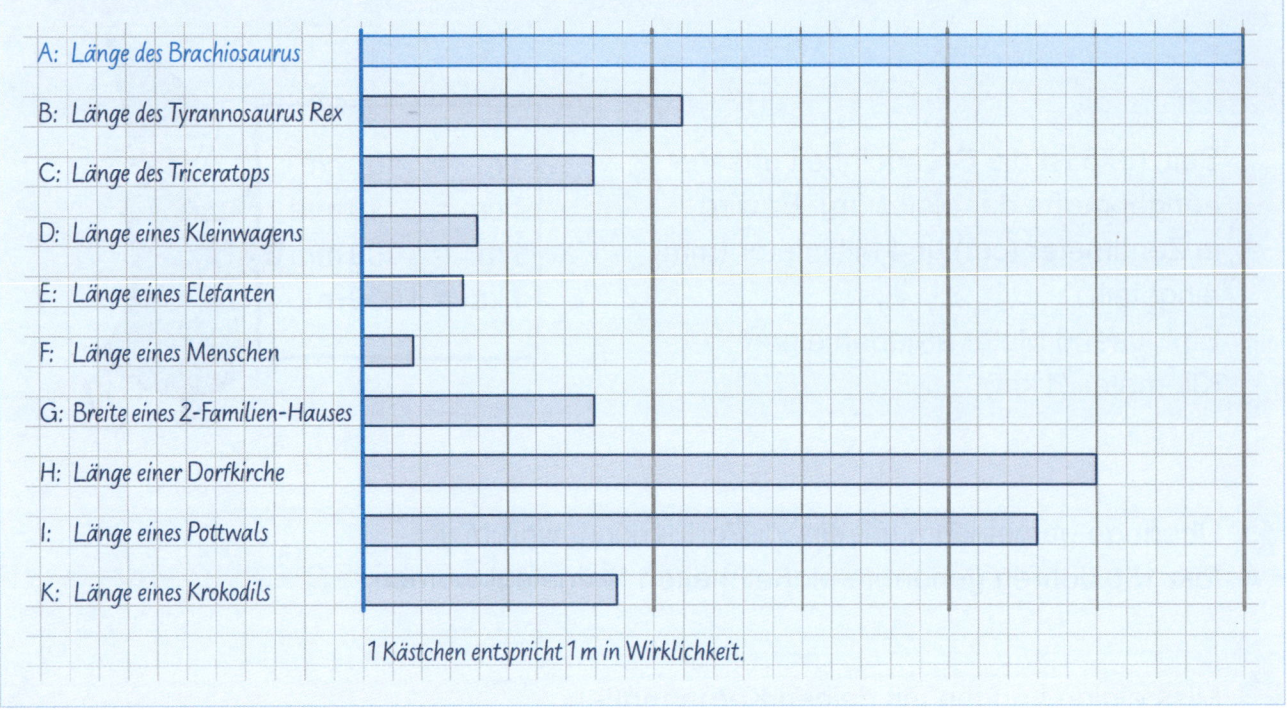

| | |
|---|---|
| A: Länge des Brachiosaurus | |
| B: Länge des Tyrannosaurus Rex | |
| C: Länge des Triceratops | |
| D: Länge eines Kleinwagens | |
| E: Länge eines Elefanten | |
| F: Länge eines Menschen | |
| G: Breite eines 2-Familien-Hauses | |
| H: Länge einer Dorfkirche | |
| I: Länge eines Pottwals | |
| K: Länge eines Krokodils | |

1 Kästchen entspricht 1 m in Wirklichkeit.

**1** Häufig werden Längenangaben in Balkendiagrammen dargestellt.

a) Lies die Längen ab und notiere die Angaben im Heft.

b) Vergleiche die Längen. Verwende „ist kürzer als" und „ist länger als". Schreibe mindestens vier Vergleiche auf.

Seite 8 Aufgabe 1

a) A: 3 0 m    b) ...
   B: ...
   ⋮

**2** Suche Informationen zur Körperlänge oder Sprungweite von Tieren.

a) Liste deine gefundenen Daten auf und stelle sie in einem Diagramm dar. Wähle eine sinnvolle Einheit (1 cm entspricht 1 m in Wirklichkeit oder 1 Kästchen entspricht 1 m in Wirklichkeit oder ...).

b) Schreibe mindestens vier Vergleiche für Körperlängen oder Sprungweiten von Tieren auf.

Seite 8 Aufgabe 2

a) ...

**3** Du kannst auch andere Informationen in ein Balkendiagramm übertragen.

Zum Beispiel: Länge von Gebäuden,
　　　　　　　Länge von Fahrzeugen,
　　　　　　　Länge von Brücken ...

Seite 8 Aufgabe 3

...

 **4** Stelle deine Diagramme aus den Aufgaben **2** und **3** einem anderen Kind vor.

## Die Maßeinheit Millimeter kennenlernen

Um genau zu messen, ist die Längeneinheit Zentimeter manchmal zu groß.

Man benötigt die kleinere Einheit Millimeter (mm).

10 Millimeter (mm) sind so lang wie ein Zentimeter (cm).

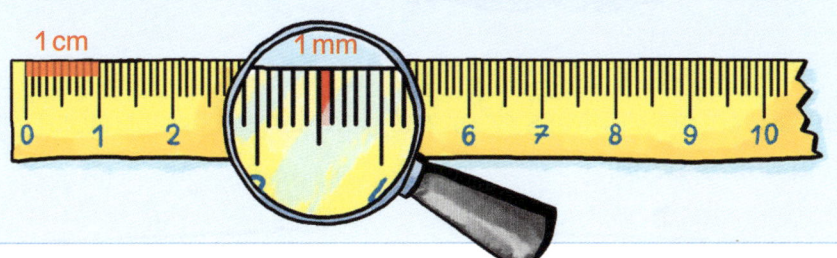

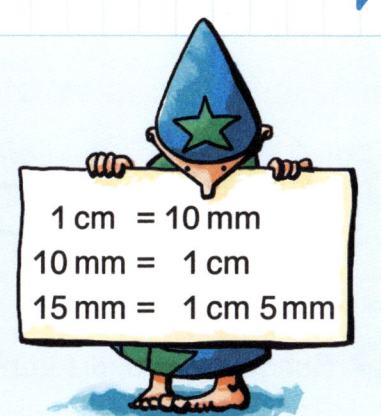

1 cm = 10 mm
10 mm = 1 cm
15 mm = 1 cm 5 mm

**1** Die Länge von Nägeln und Schrauben wird in Millimeter gemessen. Miss die Längen der abgebildeten Nägel und schreibe deine Ergebnisse in der Einheit „mm" auf.

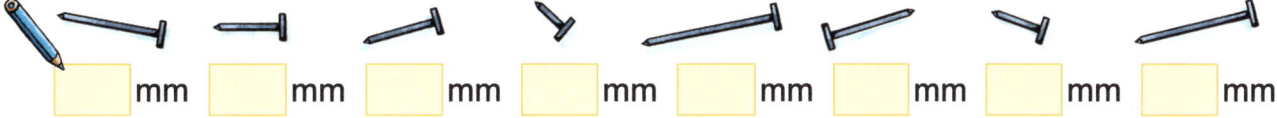

[ ] mm   [ ] mm   [ ] mm   [ ] mm   [ ] mm   [ ] mm   [ ] mm   [ ] mm

**2** Miss die Körperlänge folgender, in Originalgröße abgebildeter, Tiere. Notiere deine Ergebnisse. Zeichne die Längen der Tiere darunter.

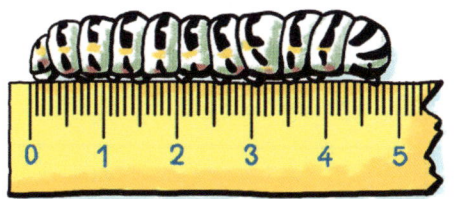

Raupe des Schwalbenschwanzes
49 mm = 4 cm 9 mm

Raupe des Kleinen Fuchses

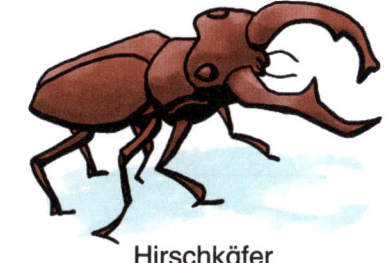

Hirschkäfer

Blattlaus

Wespe

Tausendfüßler

Waldameise

Marienkäfer

Maikäfer

Libelle

Feldgrille

1 Schätze zuerst die Längen der Strecken. Miss dann mit dem Lineal genau nach.
Notiere deine Ergebnisse in der Tabelle.

|  | a | b | c | d | e |
|---|---|---|---|---|---|
| geschätzt |  |  |  |  |  |
| gemessen |  |  |  |  |  |

2 Miss die Seitenlängen.

a) Schreibe deine Ergebnisse an jede der verschiedenen Strecken.

b) Bei welchen Strecken wusstest du die Länge, ohne zu messen?
Erkläre einem anderen Kind, warum.

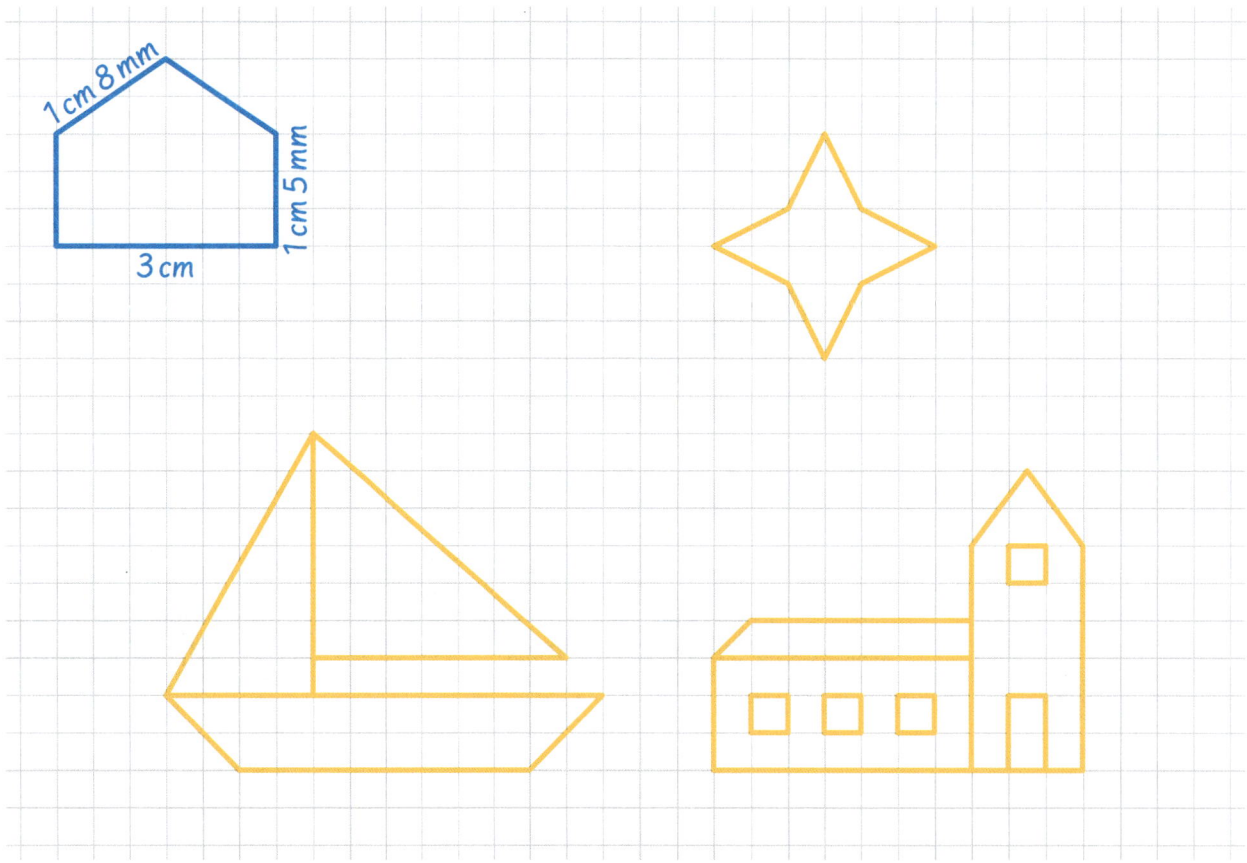

★ schätzen und messen Längen
★ zerlegen Einheiten innerhalb eines Größenbereichs und wandeln Einheiten um
→ Ü Seite 48

**1** Miss die Längen der Nägel und zeichne die entsprechenden Strecken.
Gib die Länge in mm sowie in cm und mm an.

A ├──────┤   *17 mm = 1 cm 7 mm*

B ✏

C ├

D ├

E ├

F ├

G ├

H ├

I ├

K ├

L ├

M ├

N ├

**1** Manchmal lassen sich unsere Sinne täuschen.
Wenn sich das Auge täuschen lässt, nennt man das „optische Täuschung".

Entscheide, ohne zu messen, welche der beiden Strecken (1) oder (2)
die längere ist.
Überprüfe dann deine Vermutung durch genaues Messen mit dem Lineal.

a)

(1)

(2)

b)

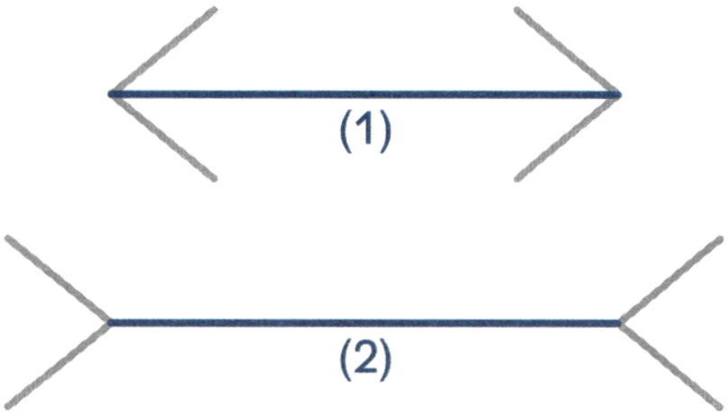

(1)

(2)

c)

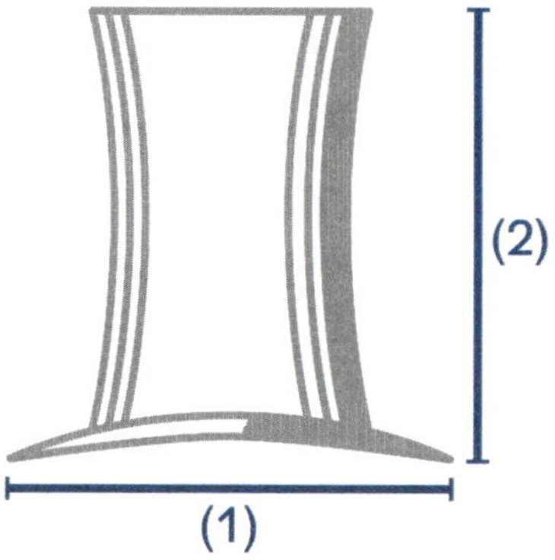

(2)

(1)

d)

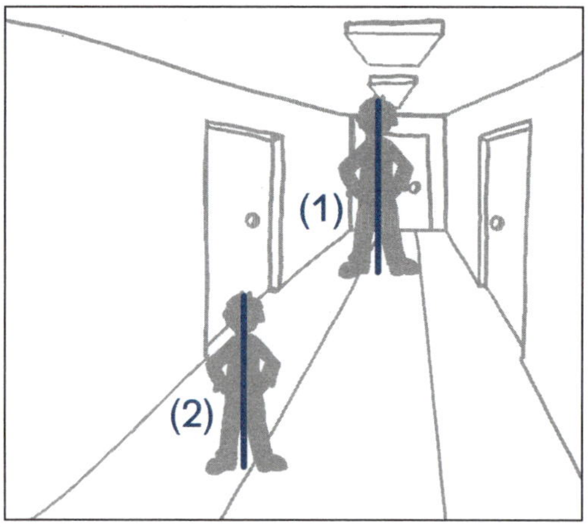

(1)

(2)

e)

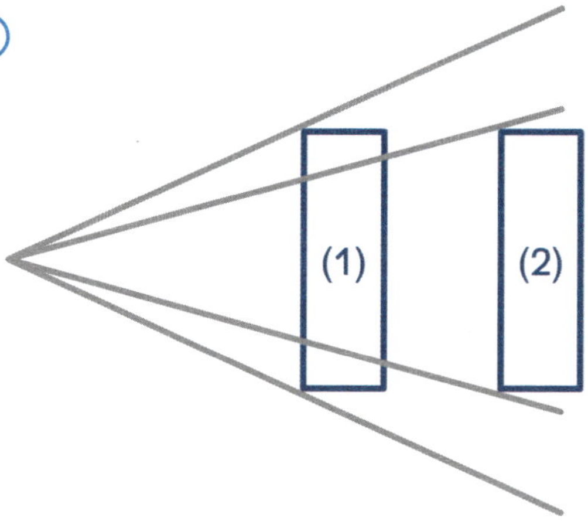

(1) (2)

f)

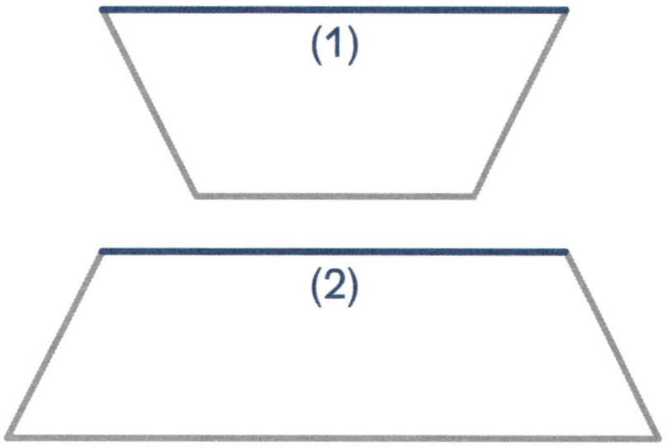

(1)

(2)

g)

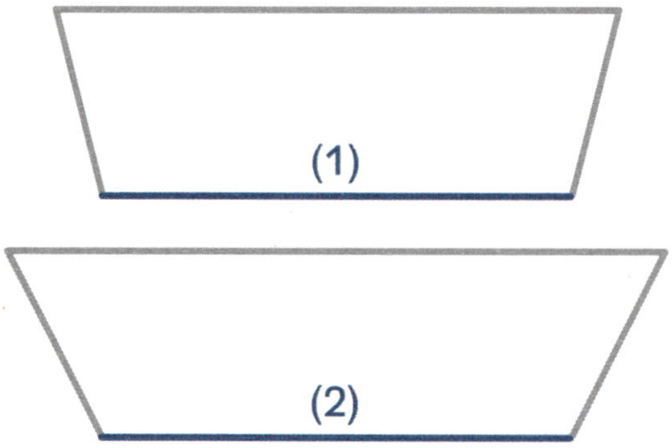

(1)

(2)

  **2** Besprich deine Erfahrungen mit einem anderen Kind.
Woran liegt es, dass ihr euch immer wieder getäuscht habt?

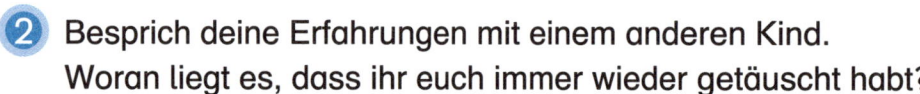

★ stellen Vermutungen über Auffälligkeiten an, hinterfragen und überprüfen diese
★ messen Längen mit standardisierten Maßeinheiten
★ suchen Begründungen und vollziehen Begründungen anderer nach

# Längen schätzen und messen

**1** Probiere, folgende Strecken ohne Lineal
oder Geodreieck auf ein weißes Blatt zu zeichnen.
Ein Holzstab hilft dir, gerade Linien zu zeichnen.

a) 7 cm    b) 2 cm    c) 8 mm

d) 10 cm   e) 18 cm   f) 24 cm

Kontrolliere anschließend mit dem Lineal.
Schreibe die tatsächlichen Längen deiner Strecken
mit einem roten Stift dazu.

**2** Finde ohne zu messen, immer zwei Gegenstände, die die folgenden Bedingungen
erfüllen. Miss dann genau nach und schreibe deine Ergebnisse dazu.

a) kürzer als 1 cm

b) genau 1 cm lang

c) zwischen 10 cm und 12 cm lang

d) zwischen 20 cm und 30 cm lang

**3** Das Deutsche Institut für Normung (DIN) legt seit 1922 Papierformate fest.
Die bekannteste Norm für Papier ist die DIN-A-Norm.

| Format | Länge | Breite |
|--------|-------|--------|
| DIN A0 | 1 189 mm | 841 mm |
| DIN A1 | 841 mm | 594 mm |
| DIN A2 | 594 mm | 420 mm |
| DIN A3 | 420 mm | 297 mm |

| Format | Länge | Breite |
|--------|-------|--------|
| DIN A4 | 297 mm | 210 mm |
| DIN A5 | 210 mm | 148 mm |
| DIN A6 | 148 mm | 105 mm |

a) Miss jeweils die Länge und Breite. Ergänze die Tabelle.

|  | Länge | Breite | DIN-Format |
|--|-------|--------|------------|
| Einstern-Heft |  |  |  |
| Postkarte |  |  |  |
| großes Schulheft |  |  |  |
| kleines Heft |  |  |  |
| Zeichenblock |  |  |  |

b) Vergleiche die Größen der DIN-A-Formate in der Tabelle oben. Was fällt dir auf?
Besprich deine Ergebnisse mit einem anderen Kind.

c) Versucht, verschiedene DIN-Formate durch Falten herzustellen.

★ zeichnen vorgegebene Längen und nutzen Bezugsgrößen vertrauter Objekte
★ überprüfen ihre Ergebnisse durch Messen auf Angemessenheit
★ stellen Vermutungen über mathematische Zusammenhänge an

13

**1** Damit man kleine Tiere genauer betrachten kann, werden sie in Sachbüchern oder Lexika oft vergrößert abgebildet.

a) Miss die Länge der Insekten vom Kopf bis zum Körperende.

b) Berechne, wie lang diese Insekten ungefähr in Wirklichkeit sind.

Borkenkäfer
5-fach vergrößert

Zeichnung: _____25 mm_____

in Wirklichkeit: _5 mm_____

Stechmücke
5-fach vergrößert

Zeichnung: _____

in Wirklichkeit: _____

Marienkäfer
3-fach vergrößert

Zeichnung: _____

in Wirklichkeit: _____

Feuerkäfer
2-fach vergrößert

Zeichnung: _____

in Wirklichkeit: _____

Biene
2-fach vergrößert

Zeichnung: _____

in Wirklichkeit: _____

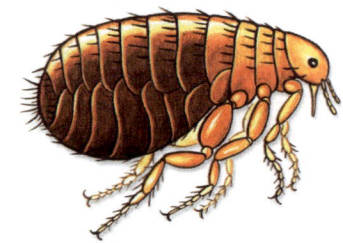

Menschenfloh
20-fach vergrößert

Zeichnung: _____

in Wirklichkeit: _____

**2** So viel wachsen Nägel und
Haare ungefähr in einem Monat:

Kopfhaare: 10 mm   Fingernagel: 3 mm
Augenbrauen: 5 mm   Zehennagel: 1 mm

Berechne das Haar- und Nagelwachstum für folgende Zeitabschnitte. Zeichne zu deinem Ergebnis eine Strecke in entsprechender Länge.

a) in 8 Wochen

b) in einem Vierteljahr

c) in einem halben Jahr

d) in einem Jahr

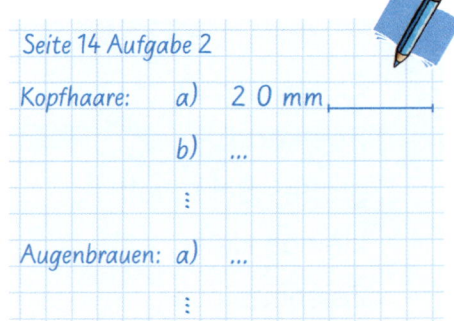

Seite 14 Aufgabe 2

Kopfhaare:   a)   2 0 mm

             b)   ...

             ⋮

Augenbrauen:  a)   ...

             ⋮

  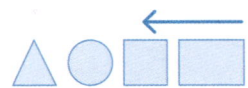 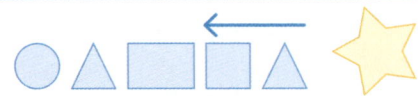

* beschreiben den Zusammenhang zwischen Längen in der Realität und entsprechenden Längen in Skizzen
* rechnen mit Längenangaben
* nutzen grundlegende Vorstellungen maßstäblichen Vergrößerns und Verkleinerns, um sich in der Wirklichkeit zu orientieren

**1** Die Kinder erzielten beim Weitsprung folgende Ergebnisse:
Notiere sie auf drei verschiedene Arten.

| | m | 10 cm | 1 cm |
|---|---|---|---|
| Mai-Lin | 2 | 9 | 8 |
| Patrick | 2 | 9 | 5 |
| Ole | 3 | 0 | 7 |
| Lea | 3 | 4 | 4 |
| Sofie | 0 | 9 | 5 |

2 m 98 cm = 2,98 m = 298 cm

_Man spricht:
zwei Komma neun
acht Meter oder zwei
Meter achtund-
neunzig._

Das Komma trennt
m und cm.
2 m 98 cm = 2,98 m
3 m  5 cm = 3,05 m

**2** Wandle die Längenangaben um.

a) Wandle um in cm.

1,35 m = ____ cm          3 m 45 cm = ____ cm          5,08 m = ____ cm

b) Wandle um in m. Schreibe mit Komma.

487 cm = ____ m          92 cm = ____ m          307 cm = ____ m

**3** Mit dem Komma kann man auch cm und mm trennen:
37 mm = 3 cm 7 mm = 3,7 cm      0,5 cm = 0 cm 5 mm = 5 mm

a) Wandle um in cm. Schreibe mit Komma.

54 mm = ____ cm          7 mm = ____ cm          3 cm 5 mm = ____ cm

b) Wandle um in mm.

3 cm 8 mm = ____ mm          7,6 cm = ____ mm          0,9 cm = ____ mm

* zerlegen Einheiten innerhalb eines Größenbereichs, wandeln Einheiten um
und notieren die Maßeinheiten mit dem im Alltag üblichen Komma
* entnehmen einer Tabelle relevante Informationen

### Hochsprung*

| Frauen | | | | Männer | | | |
|---|---|---|---|---|---|---|---|
| Jahr | 1932 | 1954 | 1987 | ... | Jahr | 1912 | 1953 | 1993 | ... |
| Höhe | 1,65 m | 1,73 m | 2,09 m | ... m | Höhe | 2,00 m | 2,12 m | 2,45 m | ... m |

### Weitsprung*

| Frauen | | | | Männer | | | |
|---|---|---|---|---|---|---|---|
| Jahr | 1913 | 1956 | 1988 | ... | Jahr | 1900 | 1960 | 1991 | ... |
| Weite | 5,00 m | 6,35 m | 7,52 m | ... m | Höhe | 7,50 m | 8,21 m | 8,95 m | ... m |

### Kugelstoßen*

| Frauen | | | | Männer | | | |
|---|---|---|---|---|---|---|---|
| Jahr | 1924 | 1956 | 1987 | ... | Jahr | 1909 | 1950 | 1990 | ... |
| Weite | 10,15 m | 16,76 m | 22,63 m | ... m | Höhe | 15,54 m | 17,95 m | 23,12 m | ... m |

### Ergebnisse der Bundesjugendspiele 2016

| | Lena | Tim | Ole | Lea | Sofie |
|---|---|---|---|---|---|
| Weitsprung | 2,98 m | 2,95 m | 3,17 m | 3,42 m | 3,05 m |
| Hochsprung | 1,12 m | 1,22 m | 1,35 m | 1,19 m | 1,05 m |

*Bei den Kindern springen die Mädchen weiter!*

*Die Jungs aber höher*

1 Betrachte die Tabellen. Besprich mit einem anderen Kind, was du alles ablesen und feststellen kannst.

2 Betrachtet die Weltrekordergebnisse an einem ausgelegten Maßband.

3 Vergleiche die Weltrekordergebnisse mit deinen eigenen Ergebnissen oder mit denen von Lena, Tim, Ole ...
Schreibe deine Vergleiche auf.
Benutze dazu Formulierungen wie
... weiter als ..., ... ungefähr dreimal so weit wie ...,
... weniger weit ..., ... höher als ..., ...

Seite 16 Aufgabe 3

4 Finde heraus, ob es inzwischen neue Weltrekorde gibt. Du kannst in verschiedenen Lexika oder im Internet nachschauen.

Seite 16 Aufgabe 4

*Die Angaben in der zweiten und vorletzten Spalte beziehen sich jeweils auf die ersten und letzten gemessenen Rekorde bis zum Jahr 2015.

★ entnehmen relevante Informationen zu Längen aus Tabellen
★ vergleichen und ordnen Längenangaben

# Die Maßeinheit Kilometer kennenlernen

Große Entfernungen misst man in Kilometer (km).

Um 1 km zu Fuß zurückzulegen, benötigst du ungefähr 15 Minuten. Das sind etwa 2000 Kinderschritte.
Um 1 km mit dem Fahrrad zu fahren, benötigst du ungefähr vier Minuten.

1 km ist etwa 10-mal so lang wie ein Fußballfeld.
1 km ist so lang wie 40 Bahnen im Schwimmbad.

1 Kilometer = 1000 Meter
1 km        = 1000 m

**1**

WANDERWEG RUHELEBEN

GRILLHÜTTE
AUSSICHTSTURM
PARKPLATZ
BERGHOTEL
SPIEL-PLATZ
BIOTOP

1 cm entspricht 1 km

Beantworte folgende Fragen:

a) Wie lang ist der gesamte Wanderweg vom Parkplatz bis zur Grillhütte? ☐ km

b) Wo steht folgender Wegweiser? 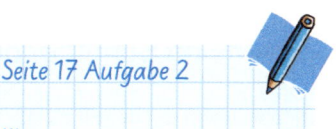 Aussichtsturm 6 km _____

c) Auf halbem Weg zwischen Biotop und Berghotel steht eine Bank. ☐ km
Wie weit ist sie vom Spielplatz entfernt?

d) Welche ist die kürzeste Teilstrecke des Wanderweges? _____

**2** Schreibe weitere Fragen auf und bitte ein anderes Kind, diese mithilfe des Wanderplans zu beantworten.

*Seite 17 Aufgabe 2*
*...*

**3** Schätze gemeinsam mit einem anderen Kind, wie viele Schritte ihr jeweils insgesamt in einer Woche geht. Macht Notizen und vergleicht eure Überlegungen und Ergebnisse mit denen anderer Kinder.

**4** Bestimme mit etwa 2000 Schritten einen Kilometer.
Wähle dazu eine geeignete Situation aus, zum Beispiel einen Spaziergang, eine Wanderung, deinen Schulweg oder einen Aufenthalt auf dem Sportplatz.
Um die Länge eines Kilometers genau zu bestimmen, könntest du einen Meterzähler, ein langes Maßband oder den Kilometerzähler an einem Fahrrad nutzen.

★ verwenden die Längeneinheit km und setzen sie in Bezug zu bereits bekannten Längenangaben
★ orientieren sich auf einem Wegeplan

**1** Ordne immer die passende Längenangabe zu. Kreuze an.

a) Höhe einer großen Eiche ○ 2 m ✗ 20 m ○ 200 m

b) Länge des Fußballplatzes ○ 1 m ○ 10 m ○ 100 m

c) Größe eines Erwachsenen ○ 1,20 m ○ 1,80 m ○ 2,40 m

d) Strecke nach 8 Minuten Fahrrad fahren ○ 25 km ○ 2 km ○ 800 m

e) Länge deines Fußes ○ 10 cm ○ 20 cm ○ 40 cm

f) Höhe eines dreigeschossigen Hauses ○ 2 m ○ 5 m ○ 10 m

g) Länge des größten Passagierflugzeugs ○ 70 m ○ 200 m ○ 700 m

**2** Sammle Längenangaben von verschiedenen Gegenständen und gestalte Karten für ein Quiz-Spiel. Du kannst selbst Gegenstände messen, in einem Lexikon Längenangaben suchen oder hier im Buch nachschauen. Spiele zusammen mit anderen Kindern.

*Tür*
*Länge Marienkäfer*
*7 cm*
*7 mm*
*70 mm*

**3** Setze die Maßeinheiten km, m, cm und mm passend ein.

a) Länge des Füllers: 13 _cm_

b) Breite des Radiergummis: 19 ____

c) Länge eines Streichholzes: 43 ____

d) Länge eines DIN-A4-Blattes: 29,7 ____

e) Weltrekord im Weitsprung: 8,95 ____

f) Strecke zu Fuß in einer Stunde: 4 ____

g) Länge einer Ameise: 4 ____

h) Länge des Schwimmbeckens: 25 ____

i) Meine Schrittlänge: 80 ____

k) Strecke von München nach Hamburg: 800 ____

**4** Ordne die Beispiele folgenden Längenangaben zu:

> A Daumenbreite    B Bleistiftspitze    C Strecke in 15 Minuten zu Fuß
>
> D Tafellineal    E 10 Papierblätter übereinander    F Stecknadelkopf
>
> G Länge des Fußballplatzes    H 4 Bahnen im Schwimmbad
>
> I 1 250 Schritte    K Größe eines 4-jährigen Kindes

a) 1 mm _F_ _____    b) 1 cm _____    c) 1 m _____

d) 100 m _____    e) 1 km _____

* geben Längen vertrauter Objekte an und nutzen sie als Bezugsgrößen
* verwenden die Abkürzungen der Längeneinheiten mm, cm, m und km passend
* erfinden Aufgaben und Fragestellungen und gestalten damit ein Spiel

18

→ Ü Seite 51

# Längenangaben in andere Einheiten umwandeln

**1** Wandle um.

> Längenangaben sind auf verschiedene Arten möglich.

a) in cm

| 2,45 m | 70 mm | 1 m 5 cm |
|---|---|---|
| | | |

b) in m

| 825 cm | 1 m 45 cm | 1 cm |
|---|---|---|
| | | |

> In einer Einheit, ohne Komma: 463 cm
> In einer Einheit, mit Komma: 4,63 m
> In zwei Einheiten: 4 m 63 cm

c) in mm

| 6,3 cm | 3 cm 2 mm | 17 cm | 2 cm | 4,3 cm | 8,9 cm |
|---|---|---|---|---|---|
| | | | | | |

**2** Schreibe auf verschiedene Arten.

a)

| 3 m 17 cm | | | 9 m 8 cm | |
|---|---|---|---|---|
| 317 cm | 893 cm | | | 67 cm |
| 3,17 m | | 0,72 m | | |

b)

| 7,05 m | | | 9,99 m | |
|---|---|---|---|---|
| 7 m 5 cm | 7 m 97 cm | | | |
| 705 cm | | 47 cm | | 1 001 cm |

c)

| 0,8 cm | | 0,5 cm | | |
|---|---|---|---|---|
| 8 mm | 47 mm | | 11 mm | |
| 0 cm 8 mm | | | | 3 cm 6 mm |

**3** Male die Angaben zu den gleichen Längen in der gleichen Farbe aus.
Immer drei Kärtchen gehören zusammen.

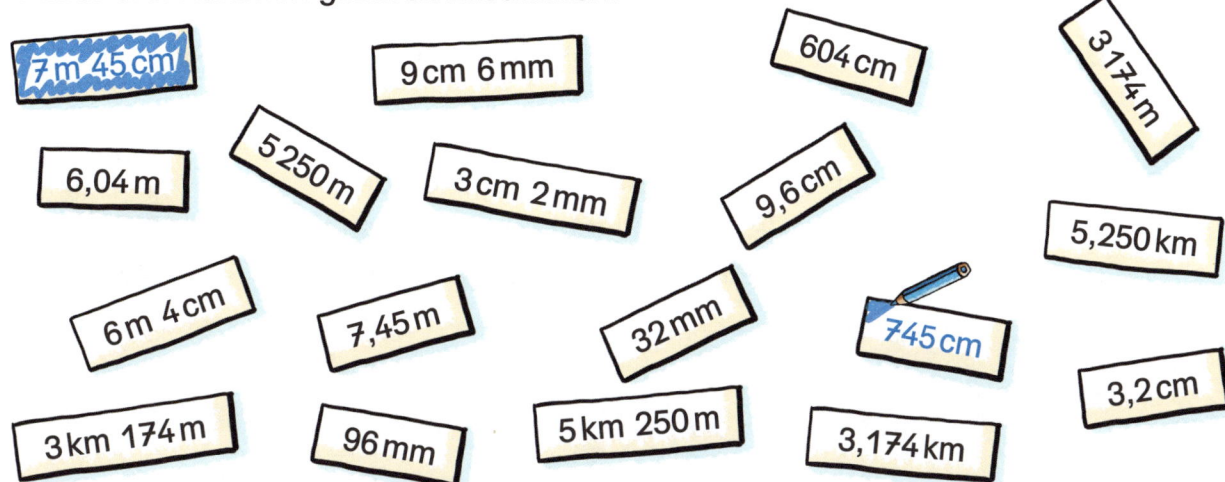

# Mit Längenangaben rechnen

## 1 Ergänze die Tabellen.

**a)**

| 1 cm | |
|---|---|
| 3 mm | 7 mm |
| 0,8 cm | |
| 6 mm | |
| 0,5 cm | |
| 0,1 cm | |

| 1 m | |
|---|---|
| 0,20 m | |
| 0,03 m | |
| 32 cm | |
| 5 cm | |
| 0,01 m | |

| 1 km | |
|---|---|
| 875 m | |
| 360 m | |
| 50,5 m | |
| 995 m | |
| 105 m | |

**b)**

| 1 cm | |
|---|---|
| 5 mm | 5 mm |
| | 9 mm |
| | 0,7 cm |
| 0,4 cm | |
| 0,9 cm | |

| 1 m | |
|---|---|
| 26 cm | |
| | 7 cm |
| 0,3 m | |
| | 0,5 m |
| 0,04 m | |

| 1 km | |
|---|---|
| 923 m | |
| | 87 m |
| 534 m | |
| | 287 m |
| 999,50 m | |

## 2 Rechne schriftlich oder im Kopf.

Beachte: Vor dem Rechnen musst du unterschiedliche Längeneinheiten zuerst in die gleiche Einheit umwandeln.

**a)**

2,20 m + 4,30 m =     m

5,80 m + 3,40 m =     m

7,90 m − 2,50 m =     m

9,30 m − 3,80 m =     m

9,70 m + 0,60 m =     m

12,30 m − 1,50 m =     m

**b)**

3 m 72 cm − 130 cm =     m

9,94 m − 6,36 m =     m

266 cm + 3,19 m =     m

7,49 m + 8,13 m =     m

8,40 m − 180 cm =     m

359 cm + 2,70 m =     m

## 3 

Schreibe in dein Lerntagebuch, welche Gegenstände oder Strecken und dazu passende Längenangaben du kennengelernt und dir gemerkt hast. Verwende verschiedene Längeneinheiten.

  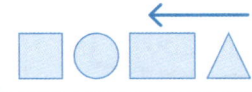 

\* rechnen mit Längenangaben

# Im Spiel Fragen zu Längen beantworten

Ⓐ Gib auswendig an, wie lang 6 Kästchen in deinem Heft sind.

Ⓑ Suche im Klassenzimmer einen Gegenstand von ungefähr 10 cm Länge.

Ⓒ Gib auswendig an, wie hoch ungefähr die Tür zum Klassenzimmer ist.

Ⓓ Nenne ein Beispiel für die Länge 1 mm.

Ⓔ Zeichne eine Strecke von 45 mm Länge.

Ⓕ Nenne die Strecke, die du als Wanderer in einer Stunde zurücklegen kannst.

Ⓖ Nenne die Strecke, die ein Fahrradfahrer ungefähr in einer Stunde zurücklegt.

Ⓗ Nenne 3 Beispiele für Körpermaße und deren ungefähre Länge in cm.

Ⓘ Miss die Länge von Einsterns Zauberstab auf dieser Seite.

Ⓚ Schreibe 2,5 cm auf zwei weitere Arten auf.

Ⓛ ?

Ⓜ ?

Ⓝ ?

Ⓞ ?

---

 **1** Suche dir einen oder zwei Mitspieler. Besorgt euch einen Würfel und Spielfiguren.

Spielanleitung:

Stellt alle Spielfiguren auf das Startfeld. Würfelt abwechselnd und setzt eure Spielfigur der gewürfelten Zahl entsprechend auf den Feldern weiter. Wer auf einen Buchstaben kommt, muss die dazugehörige Aufgabe lösen. Gelingt das nicht, muss man 5 Felder zurückgehen. Erfindet selbst Aufgaben für die Felder Ⓛ, Ⓜ, Ⓝ und Ⓞ. Wer zuerst das Zielfeld erreicht, hat gewonnen.

✳ nutzen bekannte Bezugsgrößen beim Lösen von Aufgaben
✳ formulieren mathematische Fragen und Aufgabenstellungen
✳ geben Längenangaben in unterschiedlichen Schreibweisen wieder

21

**1** Nummeriere die Gebäude der Höhe nach.

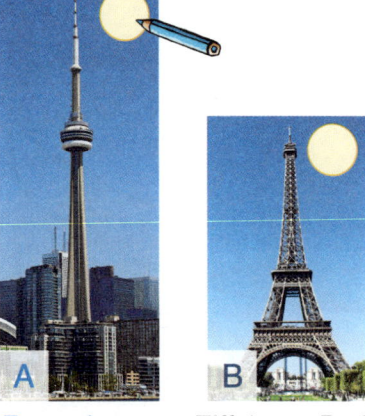

| A | B | C | D | E |
|---|---|---|---|---|
| Fernsehturm Toronto (553 m) | Eiffelturm Paris (300 m) | Empire State Building (442 m) | Fernsehturm Stuttgart (217 m) | Fernsehturm Berlin (368 m) |

**2** Stelle die Höhen der Gebäude in einem Säulendiagramm dar.
Ordne auch hier der Größe nach. Zeichne für 10 m Höhe jeweils 1 mm.

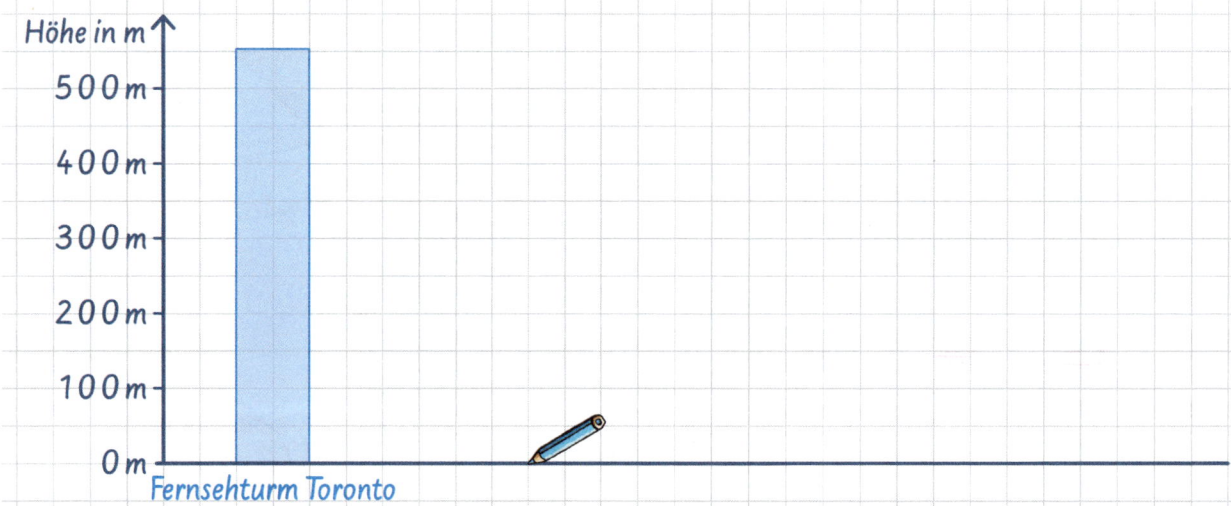

**3** Vergleiche mindestens vier Gebäude.
Berechne dazu die Höhenunterschiede.

Seite 22 Aufgabe 3
...

**4** Jan macht mit seinem Vater einen Ausflug zum Stuttgarter Fernsehturm. Auf der Aussichtsplattform sind auf einer Tafel die Entfernungen umliegender Berge angegeben:

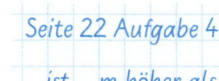

Seite 22 Aufgabe 4
... ist ... m höher als ...

| Feldberg | 130 km | Hoher Neuffen | 26 km |
|---|---|---|---|
| Kniebis | 73 km | Hohenstaufen | 46 km |
| Teck | 28 km | Rechberg | 44 km |

*Der Hohenstaufen ist 2 km weiter von Stuttgart entfernt als der Rechberg.*

Schreibe mindestens vier Vergleiche in dein Heft.

✶ übersetzen Problemstellungen in ein mathematisches Modell
✶ stellen Daten zu Höhenangaben in einem Diagramm dar
✶ vergleichen und ordnen Längen- bzw. Höhenangaben

# Eine Bodensee-Radrundfahrt planen

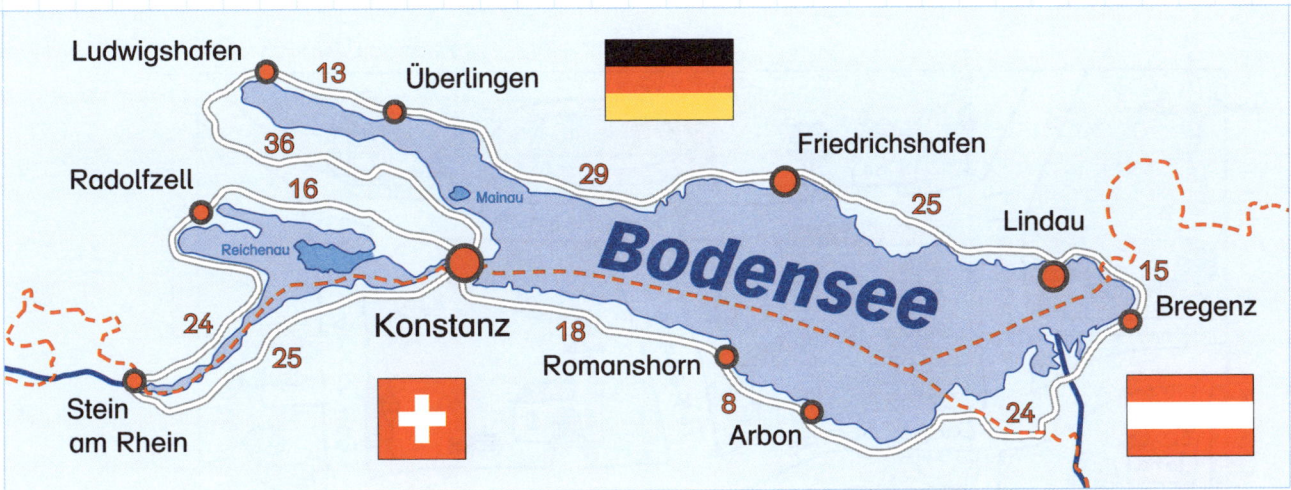

 **1** Jan und Luisa fahren mit ihren Eltern auf dem Radwanderweg um den Bodensee. Sie wollen in Überlingen starten und enden. An einem Tag wollen sie höchstens 50 km fahren. Bearbeite die Aufgabe mit einem anderen Kind.

**a)** Stellt für die Familie mindestens zwei „Routenpläne" zusammen:
einen für eine 6-Tage-Tour, einen für 7 Tage.
Schreibt so auf:

*Seite 23 Aufgabe 1*
*a) ...*

$$\text{Überlingen} \xrightarrow[\text{1. Tag}]{49\,\text{km}} \text{Konstanz} \xrightarrow[\text{2. Tag}]{...\,\text{km}} ...$$

**b)** Wie lang ist der Radweg um den See?

**c)** Jan stellt seinen Kilometerzähler beim Start in Überlingen auf 0. Er schreibt jeden Abend den Kilometerstand auf. Erstellt auch für einen eurer Radtourvorschläge eine solche Liste.

| Überlingen | 0 km |
|---|---|
| Konstanz | 49 km |
| ... | ... |

**d)** Im Internet, bei Touristeninformationen oder Reisebüros gibt es fertige Tourenvorschläge. Vergleicht diese mit eurer Planung.
Überlegt, wo die in den Vorschlägen angegebenen Orte in etwa auf der Karte liegen.

 **2** Überlegt gemeinsam, wie viele Stunden Luisa bei der Rundfahrt auf ihrem Sattel sitzt.
Begründet eure Überlegungen und schreibt sie auf.

*Seite 23 Aufgabe 2*
*...*

 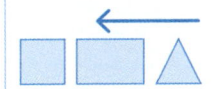 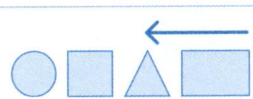 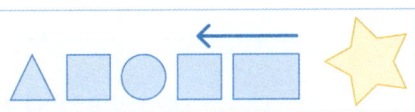

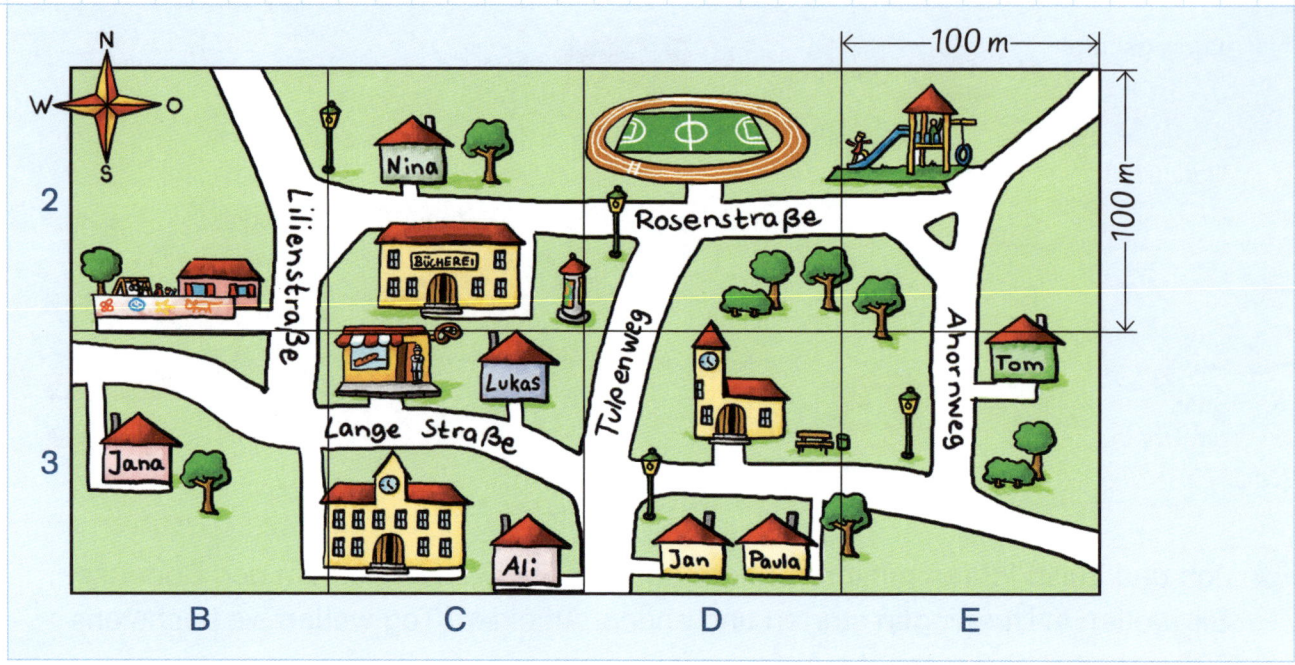

**1** Hier siehst du einen Ausschnitt aus einem Ortsplan.

Er ist in Planquadrate unterteilt. Die Schule findest du im Quadrat C3.

Schreibe auf, in welchen Planquadraten du folgende Standorte findest:

Kindergarten  _____  Spielplatz _____  Kirche _____  Sportplatz _____  Bücherei _____

**2** Beantworte folgende Fragen zusammen mit einem anderen Kind.

a) In welchen Straßen wohnen die Kinder?

b) Welche Straßen gehen Jana, Tom und Paula?
Wie lang ist ihr Weg in etwa?

Jana ⟶ Schule ⟶ Tom
Tom ⟶ Kirche ⟶ Kindergarten
Paula ⟶ Tom ⟶ Sportplatz

> Es gibt
> vier Himmelsrichtungen:
> Osten, Süden, Westen
> und Norden.

c) Welche Himmelsrichtungen musst du einsetzen,
damit die Sätze stimmen?

Die Schule liegt im  _____ der Bäckerei.

Die Kirche liegt im _____ der Bäckerei.

Der Sportplatz liegt im _____ der Kirche.

Lukas wohnt im _____ der Kirche.

d) Wer wohnt am nächsten an der Schule?

e) Stellt euch gegenseitig weitere Fragen.

★ nutzen einen Lageplan zur Orientierung im Raum
★ entnehmen Sachsituationen Informationen und formulieren dazu mathematische Fragestellungen
★ bearbeiten komplexere Aufgabenstellungen gemeinsam und setzen eigene und fremde Standpunkte in Beziehung

24

# Skizzen als Lösungshilfen kennenlernen

> Eine Skizze ist eine Zeichnung, die dir beim Lösen von Aufgaben helfen kann. Sie muss in ihren Maßen nicht der Wirklichkeit entsprechen.

**1** Herr Schulz hat ein rechteckiges Grundstück. Es ist 30 m lang und 18 m breit. Er plant für das Grundstück einen neuen Zaun. Im Abstand von 6 m sollen die Pfosten des Zaunes gesetzt werden.

Wie viel Meter Zaun muss er kaufen?
Wie viele Pfosten benötigt er?

*Seite 25 Aufgabe 1*

*Skizze:    ...*

Gehe so Schritt für Schritt vor:

1) Zeichne als Skizze die grobe Form des Grundstücks.

2) Beschrifte die Skizze mit den Längenangaben.

3) Zeichne ein, wie die Pfosten verteilt sind.

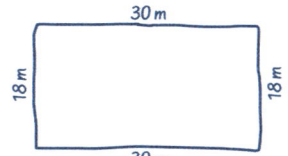
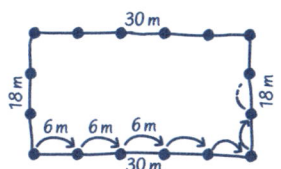

4) Zähle die Pfosten ab.

5) Ermittle anhand deiner Skizze die benötigte Zaunlänge:
   30 m + 18 m + 30 m + 18 m = ■
   Das ist der Umfang des Grundstücks.

**2** Löse die Aufgaben mithilfe von Skizzen.

a) Im Park werden Obstbäume neben den Hauptweg gepflanzt. Der Weg ist 36 m lang. Die Bäume sollen einen Abstand von 4 m zueinander und zum Weg haben.

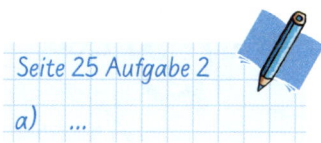

*Seite 25 Aufgabe 2*

*a)  ...*

Wie viele Bäume werden gepflanzt?

b) Tim will auf seinem 21 cm breiten Blatt eine Tabelle zeichnen. Sie soll drei gleiche Spalten haben. Links und rechts sollen zum Blattrand 3 cm Abstand bleiben.

Wie viele Striche muss er von oben nach unten zeichnen? Wie breit sind die Spalten?

\* entnehmen relevante Informationen aus Texten
\* entwickeln und nutzen Skizzen für das Bearbeiten mathematischer Probleme
\* rechnen mit Längenangaben

25

# Aufgaben, Skizzen und Rechnungen finden und zuordnen

**1** Ordne jeder Aufgabe Skizze und Rechnung passend zu.

**A1** Ole ist 1,42 m groß. Wenn Lena sich auf eine 18 cm hohe Treppenstufe stellt, ist sie genauso groß. Wie groß ist Lena?

**A2** Luca und sein kleiner Bruder sind zusammen so groß wie der Vater. Der Vater ist 1,87 m groß und der kleine Bruder 52 cm.

**A3** Sofie ist 24 cm kleiner als ihre 1,52 cm große Schwester Emma. Wie groß ist Sofie?

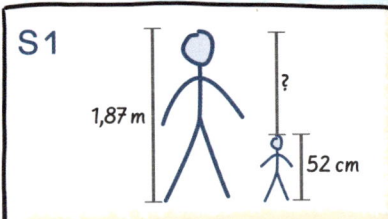

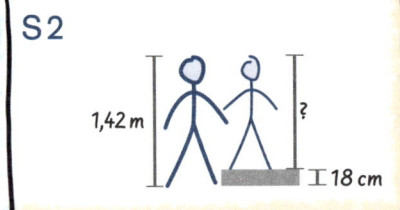

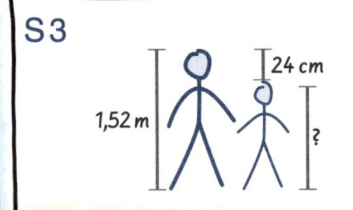

**R1** 1,52 m − 24 cm = 1,28 m

**R2** 1,87 m − 52 cm = 1,35 m

**R3** 1,42 m − 18 cm = 1,24 m

A1 −

**2** Stelle fest, wie groß die Kinder sind. Zeichne selbst eine Skizze und schreibe eine Rechnung dazu in dein Heft.

Seite 26 Aufgabe 2

**Lea:** Mein Papa ist 1,91 m groß. Meine Mama ist 1,68 m groß. Wenn wir uns hintereinanderlegen, sind wir 5 m lang.

**Mai-Lin:** Meine Schwester ist 12 cm größer als ich. Sie ist 1,45 m groß.

**Tim:** Mein Teddy und ich sind zusammen so groß wie Mama. Mein Teddy ist 34 cm groß, Mama 1,65 m.

**Paul:** Meine Schwester und ich sind zusammen so groß wie mein Vater. Mein Vater ist 1,89 m groß. Meine Schwester ist halb so groß wie ich.

**3** Finde selbst eine Aufgabe. Du kannst Zahlenangaben erfinden oder zu deiner Familie passende Zahlenangaben verwenden. Stelle die Aufgabe einem anderen Kind.

Seite 26 Aufgabe 3

★ übertragen eine Darstellung in eine andere, wechseln zwischen den Darstellungen und erklären Beziehungen
★ wenden ihre mathematischen Kenntnisse, Fähigkeiten und Fertigkeiten bei der Bearbeitung herausfordernder Aufgaben an

**1** Herr Wagner hat mehrmals die Körpergröße seines Sohnes Jan gemessen und notiert. Jan ist im Oktober 2001 geboren.

Beantworte die folgenden Fragen.

a) Wie viel cm ist Jan im ersten Lebensjahr gewachsen? _____

b) Wie viel cm ist er von Oktober 2005 bis Dezember 2012 gewachsen? _____

c) Wie viel cm ist er von Februar 2009 bis Oktober 2015 gewachsen? _____

| | | |
|---|---|---|
| Oktober | 2001: | 52 cm |
| September | 2002: | 77 cm |
| Oktober | 2005: | 1,07 m |
| Februar | 2009: | 1,32 m |
| Dezember | 2012: | 1,56 m |
| Dezember | 2014: | 1,71 m |
| Oktober | 2015: | 1,80 m |

**2** Herr Wagner hat Jans Wachstum in ein Diagramm übertragen.

a) Setze das Säulendiagramm fort.  b) Verbinde nacheinander die Spitzen der Säulen.

c) Betrachte die Verbindungslinien. In welchem Zeitabschnitt ist Jan am schnellsten gewachsen?   von _____ bis _____

Größe in cm

1 Millimeter entspricht 2 cm Körpergröße.

150

100

50

10

2001 2002 2003 2004 2005 2006 2007 2008 2009 2010 2011 2012 2013 2014 2015

**3** Frage deine Eltern, ob es über die Entwicklung deiner Körpergröße Unterlagen gibt (zum Beispiel im Vorsorgeuntersuchungsheft). Du kannst die Entwicklung deiner Körpergröße in einem Säulendiagramm wie bei Aufgabe **2** darstellen.

★ entnehmen relevante Informationen aus Tabellen und Schaubildern und setzen diese zueinander in Beziehung
★ übertragen eine Darstellung in eine andere

27

# Rund ums Kinderzimmer rechnen und messen

Oles Familie zieht um. Das neue Kinderzimmer ist 3,70 m lang und 2,90 m breit.
Besprich die Fragen mit einem anderen Kind und begründe die Antworten.
Findet gemeinsam weitere Fragen und Antworten.

a) Kann man das Bett und den großen Schrank
an die kurze Seite stellen?

b) Passen Bett und Regal auf die lange Seite?

c) Wohin passen dann Schreibtisch
und Schrank? Wohin die Kommode?

*Ihr könnt auch einen Plan auf Kästchen- oder Millimeterpapier zeichnen.*

 **2** Es könnte auch ein anderes Zimmer als Kinderzimmer eingerichtet werden.
Von diesem Zimmer gibt es einen Plan und einige Notizen.
Wie würdest du dich entscheiden?
Besprich deine Entscheidung mit einem anderen Kind und begründe sie.

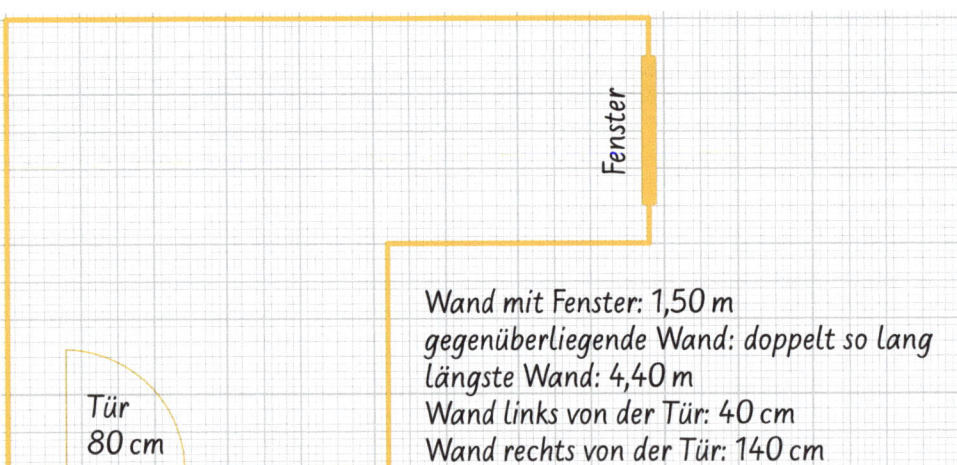

Fenster

Tür
80 cm

Wand mit Fenster: 1,50 m
gegenüberliegende Wand: doppelt so lang
längste Wand: 4,40 m
Wand links von der Tür: 40 cm
Wand rechts von der Tür: 140 cm

**3** Miss dein Zimmer aus. Miss auch die Breite oder
Länge deiner Möbel. Zeichne deine Möbel wie in
Aufgabe **1** und trage die Maße ein. Überlege,
wie du die Möbel einfacher zeichnen kannst.

*Seite 28 Aufgabe 3*

*...*

  ∗ erkennen mathematische Beziehungen, entwickeln Lösungswege
und suchen Begründungen, die sie zusammen mit anderen erläutern
∗ entwickeln und nutzen Skizzen für das Bearbeiten mathematischer Probleme

# Eine Skizze zeichnen und auswerten

**1** Hier siehst du eine Skizze des Sandkastens von Leas Schwester Inga. Die Umrandung besteht aus vier Holzbalken. Beantworte folgende Fragen:

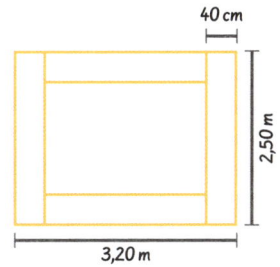

a) Wie lang sind die Holzbalken auf der längeren Seite?

b) Wie viel Meter Holz mit 40 cm Breite wurden für die Umrandung benötigt?

**2** Herr Groß möchte die Terrasse seines Hotels neu gestalten. Sie ist 6 m lang und 5 m breit. Rundherum am Rand plant er einen 1 m breiten Streifen aus Steinplatten, um einen Grill und viele Pflanzen abzustellen. Der innere Teil soll mit quadratischen Holzplatten von 50 cm Länge und 50 cm Breite ausgelegt werden.

Wie viele Holzplatten benötigt er?

a) Zeichne eine Skizze, auf der 1 m in Wirklichkeit 1 cm entspricht.

b) Zeichne einige Holzplatten ein und beantworte die Frage.

*Seite 29 Aufgabe 2*

*a) ...*

**3**

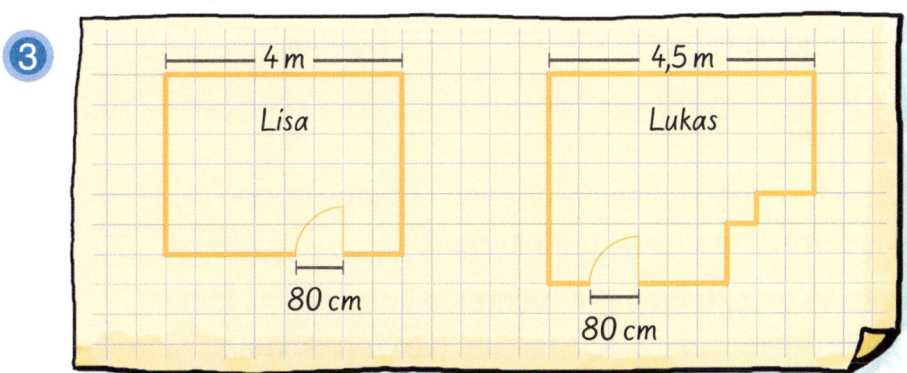

Lisa und ihr Bruder Lukas bekommen in ihren Kinderzimmern einen neuen Teppichboden. Sie haben die Zimmer ausgemessen und Pläne gezeichnet.

a) Für welches Zimmer benötigt man mehr Teppichboden? Nutze die Kästchen auf dem Plan.

b) Wie viel Meter Sockelleiste benötigt man für dieses Zimmer?

c) Wie viel Meter Sockelleiste benötigt man für beide Zimmer?

# Würfel, Quader, Kugeln, Zylinder, Kegel und Pyramiden finden

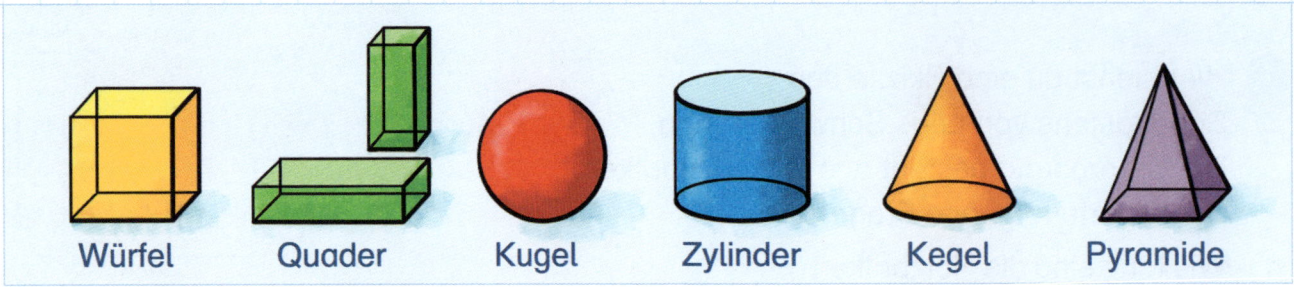

Würfel  Quader  Kugel  Zylinder  Kegel  Pyramide

**1**

Ordne die Gegenstände den geometrischen Körpern zu.

Würfel: _____  Quader: _____  Kugel: _____

Zylinder: _____  Kegel: _____  Pyramide: _____

**2** Körperformen in deiner Umwelt

**a)** Schneide aus Zeitschriften, Katalogen usw. Bilder von Gegenständen aus und klebe sie nach Körperformen geordnet auf ein Blatt.

**b)** Bringe von zu Hause leere Verpackungen mit. Schreibe immer den Namen der Körperform auf einen Aufkleber und klebe ihn auf die Verpackung.

**c)** Überlege und besprich mit einem anderen Kind, bei welchen Gegenständen die geometrischen Körper deutlich sichtbar sind. Begründet, warum man bestimmte Körperformen sehr oft und andere nur selten im Alltag findet.

**3** Suche dir ein anderes Kind, mit dem du „Ich sehe was, das du nicht siehst" spielst. Stellt euch abwechselnd Fragen. Nutzt dabei die Namen der Körperformen, zum Beispiel: „Ich sehe einen Zylinder. Er ist rot."

 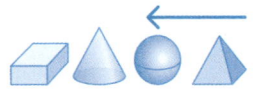 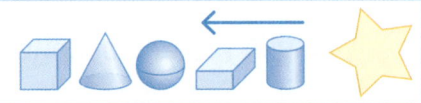

★ erkennen und benennen geometrische Körper an Gegenständen aus ihrem Umfeld
★ begründen Vor- und Nachteile der Eigenschaften von Körperformen
bei ihrer Verwendung in Alltagsgegenständen und Bauwerken

Suche dir ein anderes Kind. Besprecht zusammen jedes Foto.

a) Welche Körperformen (Quader, Zylinder ...) entdeckt ihr?

b) Welche Flächenformen (Kreis, Dreieck, Quadrat, Rechteck) entdeckt ihr?

 Baue gemeinsam mit anderen Kindern solche kunstvollen Gebäude.
Ihr könnt Pappe oder verschiedene Verpackungsmaterialien verwenden,
die ihr bemalt oder mit farbigem Papier beklebt.

Ihr könnt auch Bausteine verwenden.

* erkennen und benennen Körperformen an Bauwerken und verwenden dabei Fachbegriffe zu deren Beschreibung
* erstellen aus unterschiedlichen Körperformen selbst Bauwerke

# Körper herstellen

**1** Vollmodell

Stelle aus Knete, Schaumstoff oder anderen Materialien
mehrere Körper her.

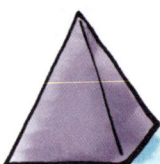

 **2** Kantenmodell

Baue mit Trinkhalmen oder Holzstäbchen und Kügelchen
aus Knetmasse. Überlege zuerst, welche Körper du so
herstellen kannst. Besprich vor dem Bauen mit einem
anderen Kind, was ihr beachten müsst.

**3** Flächenmodell

Baue aus Pappe das Flächenmodell eines Würfels und eines Quaders.
Überlege vor dem Bauen, was du beachten musst.
Diese Stichworte helfen dir: Flächen, Klebestreifen

**4** Du kannst auch ein Flächenmodell einer Pyramide bauen.

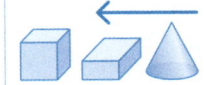 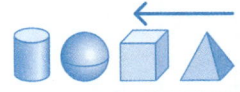 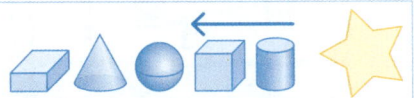

 * stellen mit unterschiedlichen Materialien Modelle
geometrischer Körper her (Voll-, Kanten- und Flächenmodelle)

# Körpereigenschaften entdecken, benennen und zusammenstellen

**1** Fülle die Tabelle aus.

 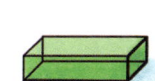    

| Körper | Anzahl der | | | In der Umgebung zu finden als |
|---|---|---|---|---|
| | Flächen | Kanten | Ecken | |
| Würfel | | | | |
| Quader | | | | |
| Kugel | | | | |
| Zylinder | | | | |
| Kegel | | | | |
| Pyramide | | | | |

**2** Ordne jedem Körper passende Flächen zu. Verbinde.

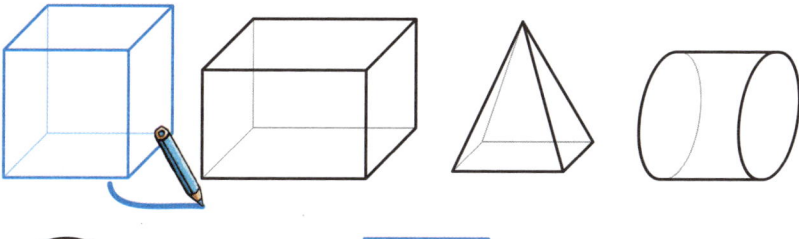

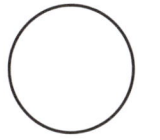    

**3** Stellt euch gegenseitig Rätselfragen zu den verschiedenen Körpern.

*Der Körper sieht aus wie eine Eistüte. Wie heißt der Körper?*

**4** Schreibe die Namen der geometrischen Körper auf, die du in deiner Vorstellung mit Fachbegriffen beschreiben kannst. Notiere dann die Körper, die du nur mithilfe einer Abbildung beschreiben kannst.

→ Ü Seite 52

★ verwenden Fachbegriffe wie Fläche, Kante und Ecke zur Beschreibung von Körperformen
★ operieren mit ebenen Figuren und Körpern in der Vorstellung

# Körperformen Namen und Eigenschaften zuordnen

**1** Male die Körper entsprechend der Farbe ihrer Namenskärtchen aus.

Quader  Würfel  Zylinder  Pyramide  Kegel

a)

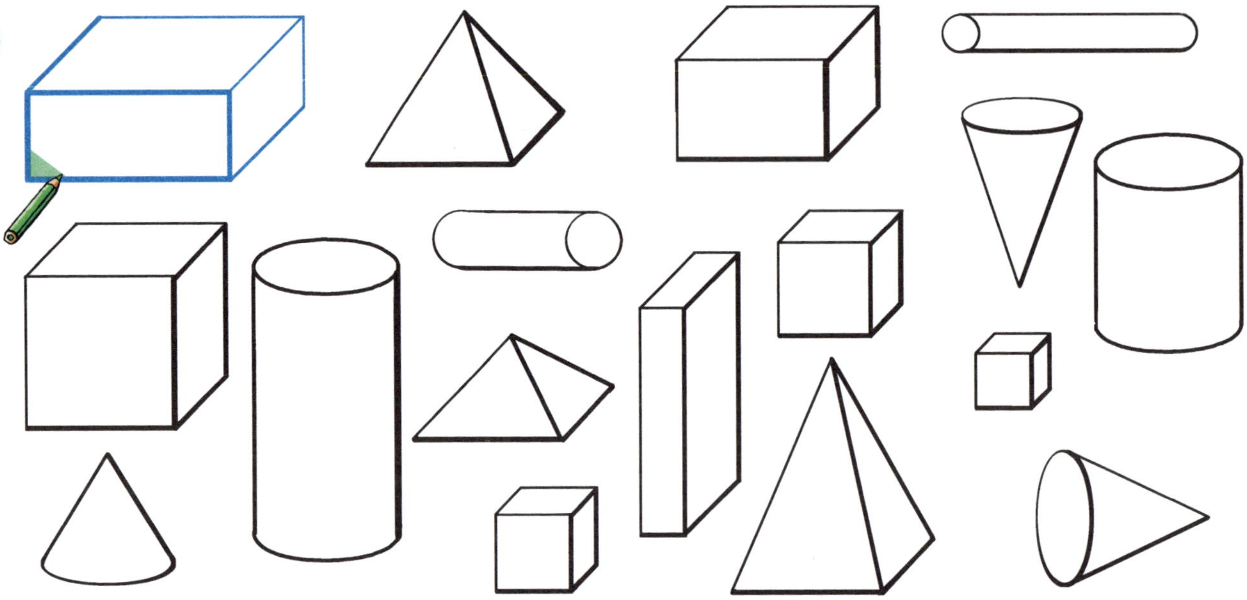

b)

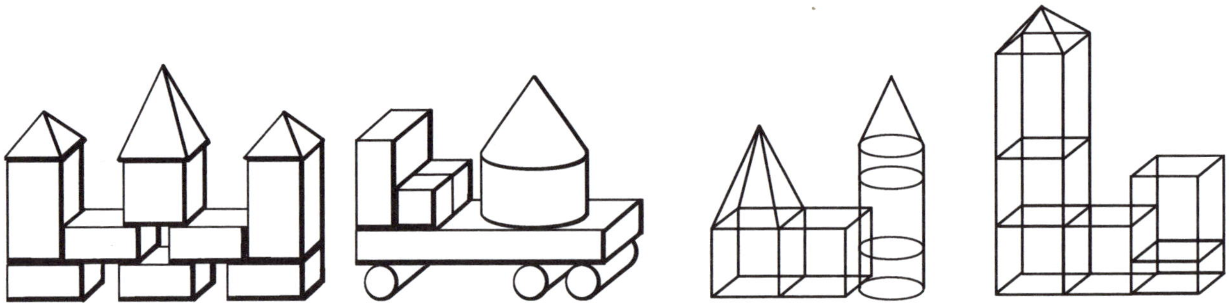

**2** Umkreise in der gleichen Farbe, was zueinanderpasst.

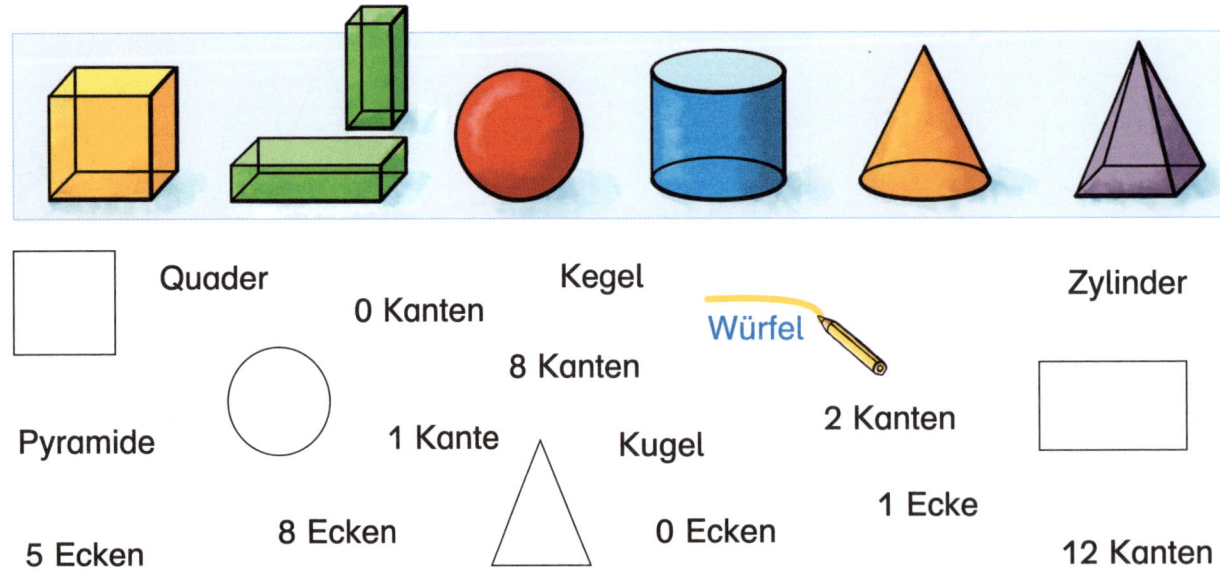

Quader

0 Kanten

Kegel

8 Kanten

Würfel

Zylinder

Pyramide

1 Kante

Kugel

2 Kanten

1 Ecke

5 Ecken

8 Ecken

0 Ecken

12 Kanten

* erkennen und benennen geometrische Körper
* ordnen Körpern Eigenschaften passend zu und verwenden dabei Fachbegriffe

# Körpernetze herstellen und erkennen

**1** Zerschneide eine quaderförmige Verpackung vorsichtig so, dass beim Auseinanderklappen eine zusammenhängende Fläche entsteht. Eine solche Fläche nennt man Körpernetz.

Zwei Quadernetze

Weil dieses Netz aus einem Quader entstanden ist, heißt es Quadernetz. Wenn du das Netz erneut faltest und zusammenklebst, erhältst du wieder den Körper.

**2** Stelle auch aus anderen Verpackungen auf dieselbe Weise Netze her. Beachte, dass das Netz immer aus einem Stück bestehen muss. Beschrifte dein Netz wie oben mit dem richtigen Namen (z. B. Würfelnetz). Hänge es in der Klasse auf.

**3** Schreibe auf, welche Netze zu welchen Körpern gehören. Falte dazu die Netze in deiner Vorstellung. Schreibe zu jedem Körper die passende Bezeichnung auf.

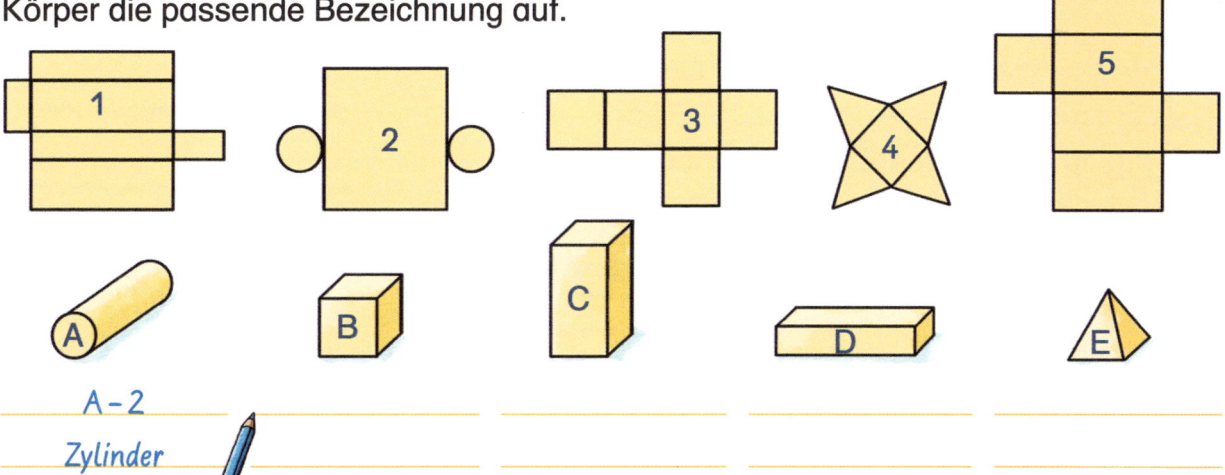

A – 2
Zylinder

**4** Du kannst dir bei deiner Lehrerin oder deinem Lehrer Kopien mit Körpernetzen holen und daraus Körper bauen.

 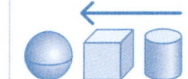 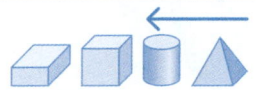 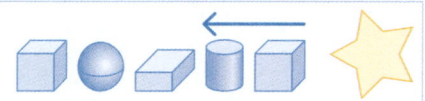

# Denkaufgaben zum Spielwürfel lösen

Tipp:
Beachte die Augenzahlen von zwei gegenüberliegenden Seiten.

**1** Zeichne die angegebenen Flächen des oben abgebildeten Würfels mit der jeweils richtigen Augenzahl.

a) oben ⚅    b) vorne ☐    c) rechts ☐

d) links ☐    e) hinten ☐    f) unten ☐

**2** Kippe die Würfel in deiner Vorstellung und zeichne immer die Augenzahl auf, die dann oben zu sehen ist. Du kannst es auch mit einem Würfel ausprobieren oder überprüfen.

a) ⚃ einmal nach rechts ☐    b) ⚄ einmal nach links ☐

c) ⚁ einmal nach hinten ☐    d) ⚅ einmal nach vorne ☐

e) ⚀ zweimal nach rechts ☐    f) ⚀ nach links und dann nach hinten ☐

**3** Ergänze die fehlenden Augenzahlen. Beschreibe deine Vorgehensweise und das Ergebnis einem anderen Kind. Als Hilfe kannst du die Netze herstellen und zu einem Würfel zusammenbauen.

a) 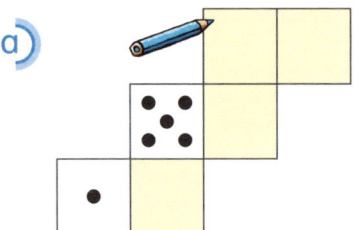    b)     c)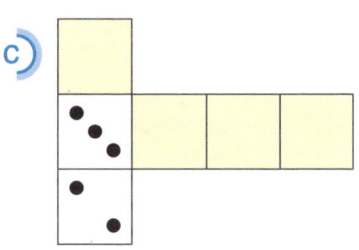

**4** Bestimme, welches Netz zusammengefaltet einen Spielwürfel ergibt. Kreuze an. Begründe deine Entscheidung.

 A    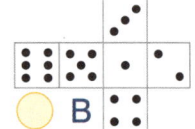 B    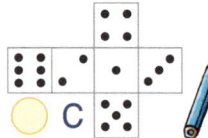 C

*operieren mit Körpern handelnd sowie in der Vorstellung und beschreiben dabei Vorgehensweise und Ergebnisse
*überprüfen und begründen den Zusammenhang zwischen Netzen und Körpern

# Mit Würfeln nach Bauplänen bauen

**1** Baue mit Steckwürfeln oder mit Holzwürfeln nach.
Die Baupläne können dir helfen.
Wie viele Würfel benötigst du jeweils?

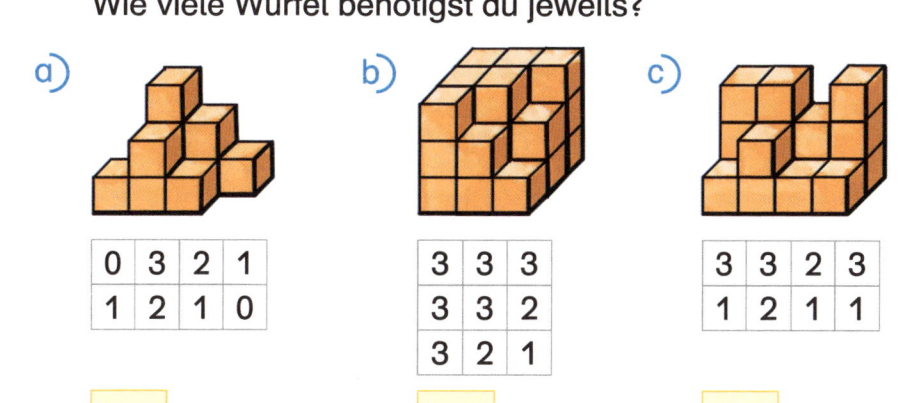

a)

| 0 | 3 | 2 | 1 |
|---|---|---|---|
| 1 | 2 | 1 | 0 |

⬜ Würfel

b)

| 3 | 3 | 3 |
|---|---|---|
| 3 | 3 | 2 |
| 3 | 2 | 1 |

⬜ Würfel

c)

| 3 | 3 | 2 | 3 |
|---|---|---|---|
| 1 | 2 | 1 | 1 |

⬜ Würfel

d)

| 3 | 4 | 3 |
|---|---|---|
| 2 | 3 | 2 |
| 1 | 2 | 1 |

⬜ Würfel

**2** Baue nach folgenden Bauplänen:

a)

| 2 | 2 |
|---|---|
| 3 | 1 |

b)

|   | 3 |   |
|---|---|---|
| 2 | 2 | 2 |
|   | 1 |   |

c)

| 4 | 2 | 3 |
|---|---|---|
| 3 | 2 | 1 |
| 1 | 0 | 0 |

d)

| 1 | 2 |   |
|---|---|---|
| 2 | 3 | 2 |
|   | 2 | 1 |

**3** Immer ein Würfelgebäude und ein Plan passen zusammen. Kreuze an.

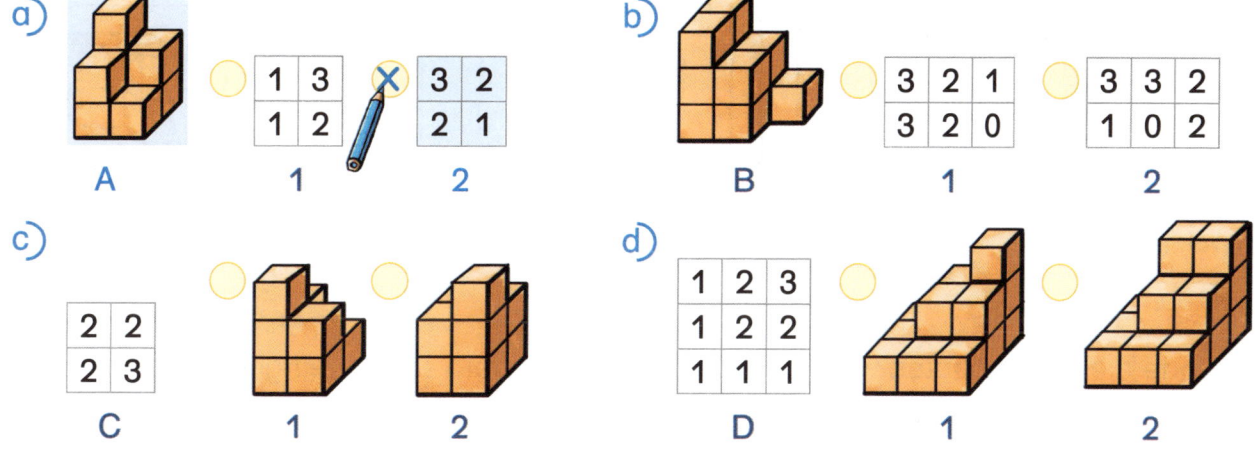

a)

A

◯ 
| 1 | 3 |
|---|---|
| 1 | 2 |

1

✗
| 3 | 2 |
|---|---|
| 2 | 1 |

2

b)

B

◯
| 3 | 2 | 1 |
|---|---|---|
| 3 | 2 | 0 |

1

◯
| 3 | 3 | 2 |
|---|---|---|
| 1 | 0 | 2 |

2

c)

| 2 | 2 |
|---|---|
| 2 | 3 |

C

◯ 1   ◯ 2

d)

| 1 | 2 | 3 |
|---|---|---|
| 1 | 2 | 2 |
| 1 | 1 | 1 |

D

◯ 1   ◯ 2

**4** Zeichne selbst passende Baupläne.
Du kannst auch zuerst nachbauen.

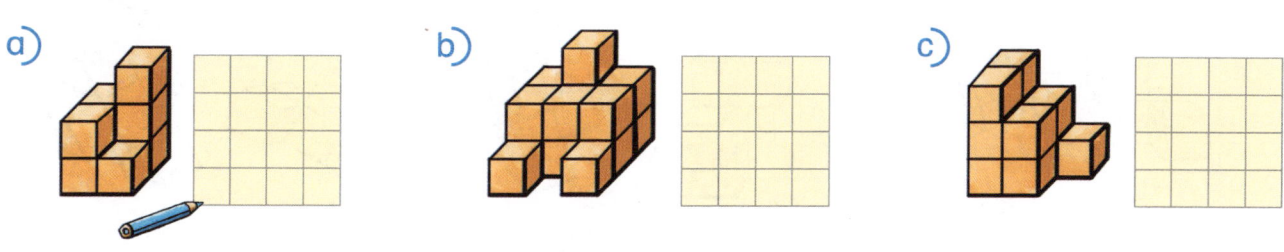

a)

b)

c)

★ stellen zwischen zwei- und dreidimensionalen Darstellungen räumlicher Gebilde Beziehungen her, indem sie nach Vorlage bauen oder einfache Baupläne erstellen

37

**1**

Baue das Würfelgebäude nach.

Schreibe zu jeder Zeichnung, von welcher Seite aus der Betrachter das Bauwerk gezeichnet hat.

Von oben, von vorne, von rechts, von links oder von hinten?

a) 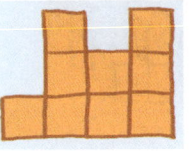  b)   c)   d)   e)

von oben

**2** Baue das Würfelgebäude nach. Zeichne Skizzen, wie das Bauwerk von vorne, von hinten, von rechts, von links und von oben betrachtet aussieht.

von unten

Seite 38 Aufgabe 2

...

**3** Max hat sein Würfelgebäude von vorne, von hinten, von rechts, von links und von oben fotografiert. Foto **A** zeigt das Bauwerk von vorne. Ordne die Fotos richtig zu.

A   B   C   D   E

von vorne

**4** Finde die Würfelbauten von **A**, **B**, **C**, **D**, **E**, die mit dem ersten, eingerahmten Gebäude übereinstimmen. Kreise sie ein.

a)   A 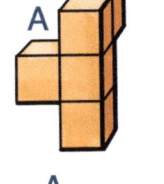  B   C 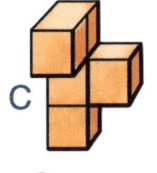  D 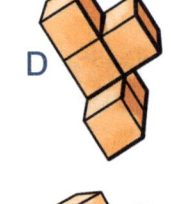  E

b)   A 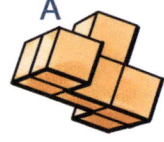  B 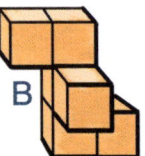  C   D   E

*nehmen verschiedene Perspektiven ein, um Ansichten eines Bauwerks zuzuordnen

→ Ü Seite 53

**1** Trage ein, aus wie vielen Würfeln die Würfelbauten bestehen.

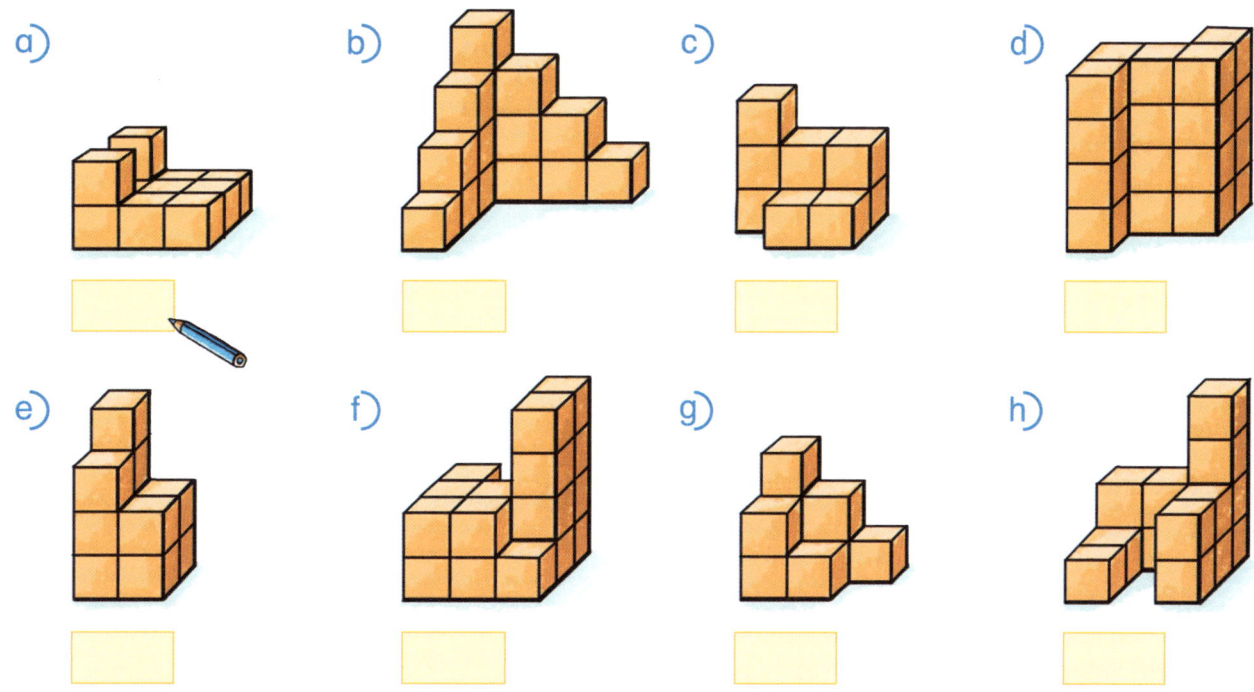

a)

b)

c)

d)

e)

f)

g)

h)

**2** Umkreise den zum Würfelgebäude passenden Bauplan.

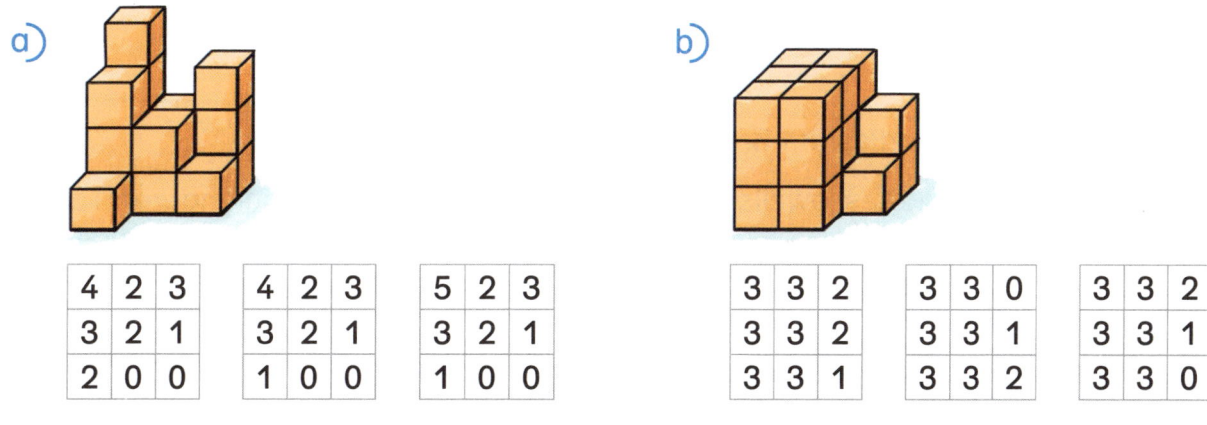

a)

| 4 | 2 | 3 |
|---|---|---|
| 3 | 2 | 1 |
| 2 | 0 | 0 |

| 4 | 2 | 3 |
|---|---|---|
| 3 | 2 | 1 |
| 1 | 0 | 0 |

| 5 | 2 | 3 |
|---|---|---|
| 3 | 2 | 1 |
| 1 | 0 | 0 |

b)

| 3 | 3 | 2 |
|---|---|---|
| 3 | 3 | 2 |
| 3 | 3 | 1 |

| 3 | 3 | 0 |
|---|---|---|
| 3 | 3 | 1 |
| 3 | 3 | 2 |

| 3 | 3 | 2 |
|---|---|---|
| 3 | 3 | 1 |
| 3 | 3 | 0 |

**3** Verbinde die Ansichten passend.

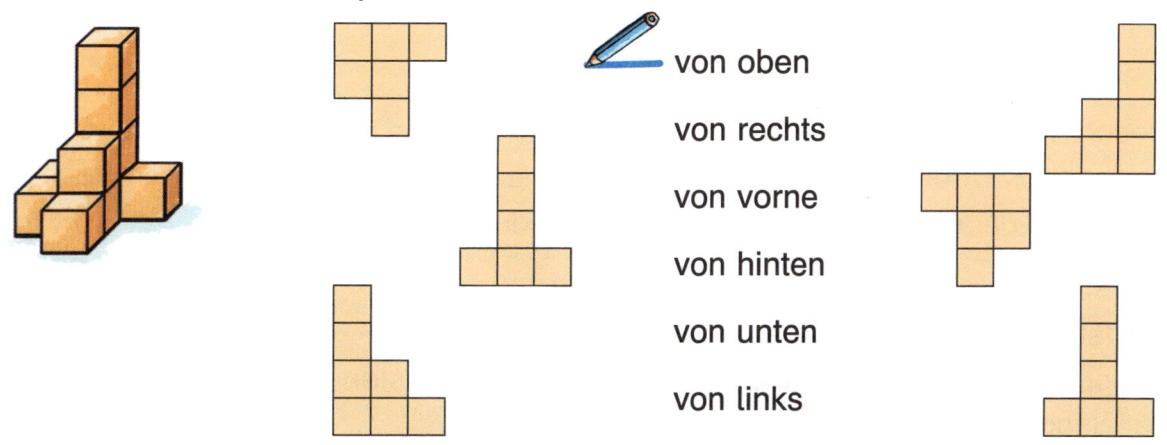

von oben

von rechts

von vorne

von hinten

von unten

von links

★ ermitteln in dreidimensional dargestellten Würfelbauten die Anzahl der Einzelwürfel
★ stellen zwischen zwei- und dreidimensionalen Darstellungen Beziehungen her
★ nehmen verschiedene Perspektiven ein, um Ansichten eines Bauwerks zuzuordnen

## Verschiedene Schaubilder auswerten und vergleichen

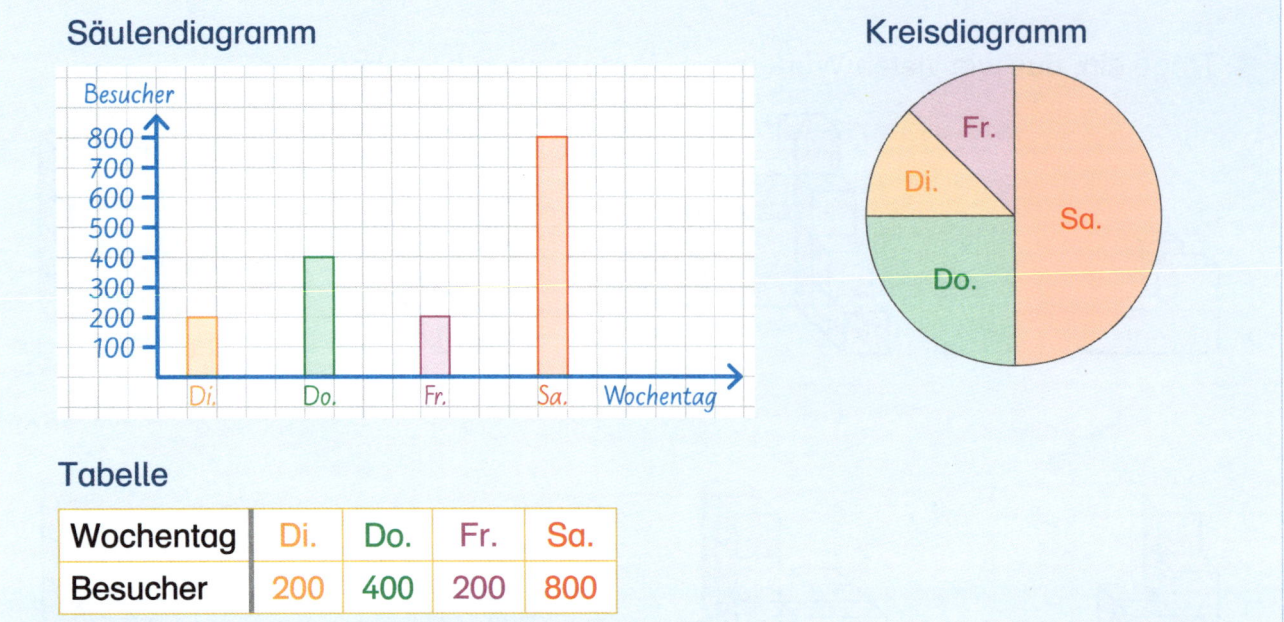

**Säulendiagramm**

**Kreisdiagramm**

**Tabelle**

| Wochentag | Di. | Do. | Fr. | Sa. |
|-----------|-----|-----|-----|-----|
| Besucher | 200 | 400 | 200 | 800 |

**1** Auf zwei verschiedenen Schaubildern und in einer Tabelle sind die auf Hunderter gerundeten Besucherzahlen des Hallenbades in der ersten Maiwoche dargestellt. Beantworte die Fragen:

a) An welchem Wochentag sind die wenigsten/die meisten Besucher im Hallenbad?

die wenigsten: _____     die meisten: _____

b) Wie viele Besucher sind es am Donnerstag? ☐

c) Wie viele Besucher sind es am Samstag mehr als am Freitag? ☐

d) An welchen Tagen sind es jeweils doppelt so viele Besucher wie an anderen Tagen?

_____

**2** Überlege mit einem anderen Kind, mit welchem Schaubild du die einzelnen Fragen in Aufgabe **1** besonders leicht und schnell beantworten konntest.
Gibt es auch Fragen, die du mit einem der Diagramme nicht beantworten konntest? Mit welchem? Warum?

**3** Beschreibe die speziellen Eigenschaften und Vorzüge der verschiedenen Darstellungen und besprich deine Überlegungen mit einem anderen Kind. Formuliert verschiedene Sätze dazu.

*Seite 40 Aufgabe 3*
*...*

**4** Findet weitere Fragen zu den Informationen auf den Schaubildern. Begründet, welche Schaubilder am besten zur Beantwortung der Fragen passen.

*Seite 40 Aufgabe 4*
*...*

40

✱ entnehmen Diagrammen relevante Informationen und beschreiben mathematische Zusammenhänge
✱ vergleichen und bewerten verschiedene Darstellungen

→ Ü Seite 54

**1** In der Tabelle siehst du, wie viele Kinder in der letzten Juliwoche nachmittags auf dem Abenteuerspielplatz waren. Die Zahlen sind auf Zehner gerundet.

| Wochentag | Mo. | Di. | Mi. | Do. | Fr. | Sa. | So. |
|---|---|---|---|---|---|---|---|
| Kinder | 30 | 40 | 60 | 60 | 80 | 50 | 20 |

Das Ergebnis der Befragung kann man in verschiedenen Schaubildern darstellen. Wähle eine Darstellung aus und vervollständige sie.

a) Säulendiagramm

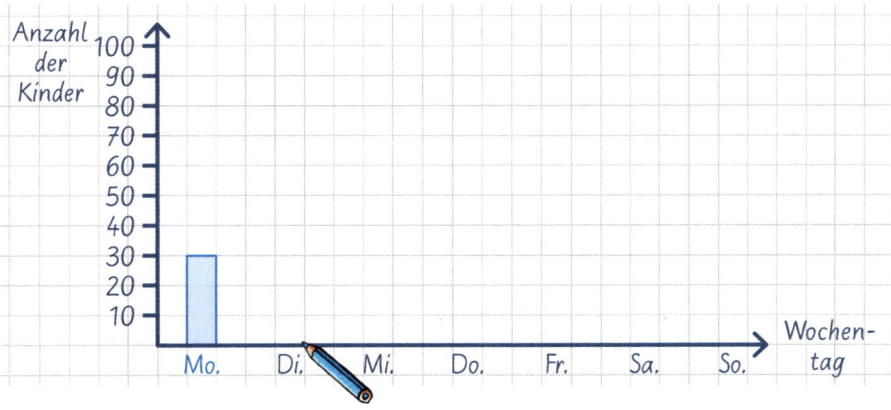

b) Balkendiagramm

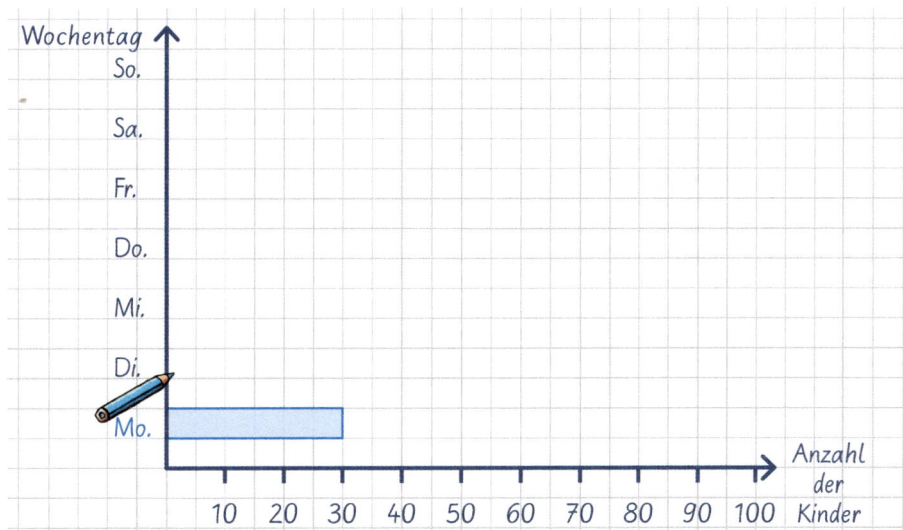

c)

| Mo. | 🯅 🯅 |
|---|---|
| Di. | 🯅 🯅 |
| Mi. | 🯅 🯅 🯅 |
| Do. | |
| Fr. | |
| Sa. | |
| So. | |

🯅 = 20 Kinder     🯅 = 10 Kinder

## Alle Möglichkeiten finden

Wie viele Möglichkeiten gibt es?

**1** Aus diesen Karten kannst du lustige Clowns zusammenstellen.

**a)** Überlege, wie viele verschiedene Clowns du zusammensetzen kannst.

**b)** Übertrage die begonnenen Baumdiagramme in dein Heft und setze sie fort.

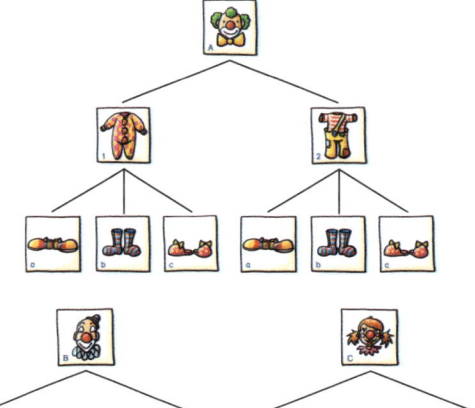

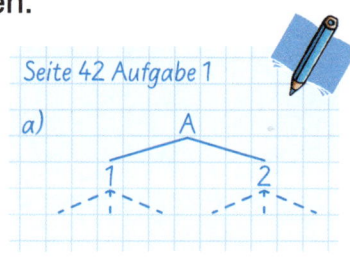

Seite 42 Aufgabe 1

a)

**2** Entscheide, welche Rechnung die Anzahl der Möglichkeiten in Aufgabe **1** darstellt. Schreibe sie auf. Begründe.

$3 \cdot 2 + 3$     $3 \cdot 2 \cdot 3$     $3 + 2 \cdot 3$     $3 + 2 + 3$

Seite 42 Aufgabe 2

...

**3** Es soll nun eine weitere Karte mit einem anderen Clownsanzug hinzugefügt werden. Jetzt gibt es noch mehr Möglichkeiten, einen Clown zusammenzustellen.

**a)** Überlege, wie viele weitere Möglichkeiten es gibt.

**b)** Überlege, wie du die Baumdiagramme in Aufgabe **1** ergänzen kannst, um die Möglichkeiten zu finden.

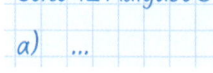

Seite 42 Aufgabe 3

a)  ...

✶ bestimmen die Anzahl von Möglichkeiten anhand einfacher kombinatorischer Aufgabenstellungen
✶ stellen Vermutungen an und widerlegen oder bestätigen diese
✶ halten ihre Arbeitsergebnisse in unterschiedlicher Form schriftlich fest

→ Ü Seite 55

**1** Alle Möglichkeiten bestimmen

**a)** Kreuze zunächst das passende Baumdiagramm an und bestimme dann die Anzahl der Möglichkeiten.

Es gibt verschiedenfarbiges Geschirr.

Teller:         rot und blau
Untertassen: gelb und orange
Tassen:       lila und grün

Wie viele Möglichkeiten gibt es, ein buntes Gedeck aus Teller, Untertasse und Tasse zusammenzustellen?

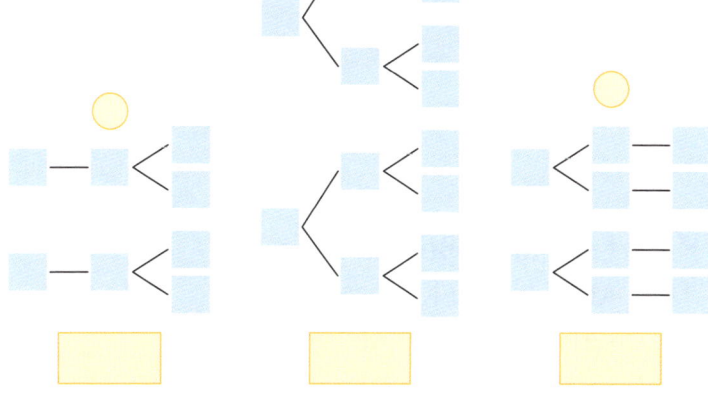

Möglichkeiten        Möglichkeiten        Möglichkeiten

**b)** Stelle alle Möglichkeiten dar.

**2** Im Sportunterricht werden vier Gruppen A, B, C und D gebildet.
Die Klasse veranstaltet ein kleines Fußballturnier, bei dem alle Gruppen nur einmal gegeneinander spielen sollen.

**a)** Wähle die passende Skizze aus und bestimme die Anzahl der Spiele.

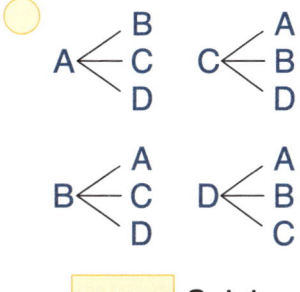

|   | A | B | C | D |
|---|---|---|---|---|
| A |   | × | × | × |
| B | × |   | × | × |
| C | × | × |   | × |
| D | × | × | × |   |

Spiele

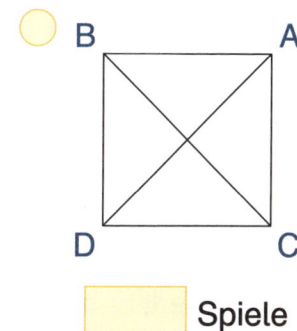

Spiele          Spiele

**b)** Erkläre „den Fehler" in zwei der drei Skizzen.

★ wählen mathematische Darstellungsformen zum Lösen einfacher kombinatorischer
Aufgabenstellungen aus, vergleichen und bewerten diese
★ lösen einfache kombinatorische Aufgabenstellungen zeichnerisch

43

**1** Finde heraus, welches der Mädchen Lisa, Lena, Maja und Sofie ist.
Schreibe die Namen dazu.

_____  _____  _____  _____

– Lisa ist größer als Lena.
– Maja ist die Kleinste.
– Lena ist größer als Sofie.

**2** Finde heraus, wie die Uhren aussehen. Male sie in den passenden Farben an.

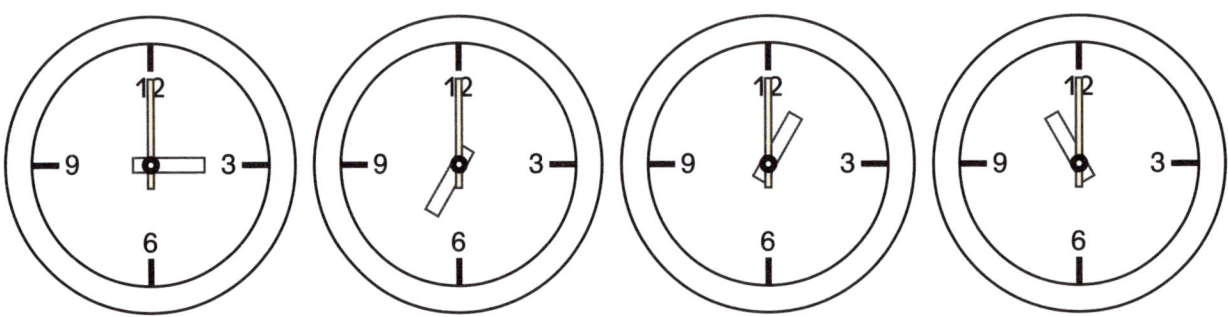

– Die Uhr rechts und die Uhr links haben einen Rand
  in der gleichen Farbe.

– Eine Uhr hat braune Zeiger.

– Die Uhr mit den roten Zeigern ist am weitesten entfernt
  von der Uhr mit dem blauen Ziffernblatt.

– Es gibt eine Uhr mit schwarzem Rand und weißen Zeigern.

– Die Uhr mit dem gelben Rand ist links neben der Uhr
  mit dem blauen Ziffernblatt.

– Die Uhr mit dem roten Ziffernblatt hat gelbe Zeiger.

– Die Uhr mit dem braunen Rand ist ganz rechts.

– Die Uhr mit dem grünen Ziffernblatt ist zwischen den Uhren
  mit dem roten und gelben Ziffernblatt.

– Die Uhr mit dem roten Ziffernblatt ist links neben der Uhr
  mit dem braunen Rand.

★ wenden ihre mathematischen Kenntnisse, Fähigkeiten und Fertigkeiten bei der Bearbeitung herausfordernder Aufgaben an

# Glücksrad kennenlernen und erproben

Ein Glücksrad hat verschiedene Felder.
Es wird gedreht und bleibt irgendwann stehen.
Eine Markierung zeigt dann auf ein Feld.

 **1** Mit einem Fahrrad lässt sich sehr einfach ein Glücksrad herstellen. Dazu könnt ihr die Speichen des Vorderrades mit Farbpunkten bekleben.

Überlegt gemeinsam, wie ihr das Fahrrad aufstellt, und wie ihr die Farbpunkte und den Pappstreifen anbringt.

 **2** Führt in der Gruppe immer mindestens 10 Versuche mit dem Glücksrad durch.
Notiert eure Ergebnisse in einer Tabelle.

a) Beklebt die Speichen beliebig mit roten und blauen Punkten.

b) Beklebt jeweils die Hälfte der Speichen mit roten und blauen Punkten.

c) Beklebt die Speichen beliebig mit Punkten in drei oder mehr Farben.

Seite 45 Aufgabe 2

a) blau | ...
   rot | ...

b) blau | ...
   rot | ...

c) ...

 **3** Stellt eure Ergebnisse anderen Kindern vor.
Überlegt gemeinsam, wie ihr mit dem Bekleben der Speichen das Ergebnis beeinflussen könnt.

 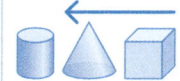 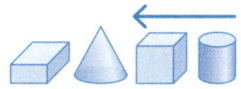 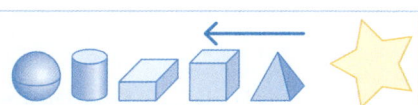

## Die Ergebnisse verschiedener Glücksräder einschätzen

**1** Zeichne ein Glücksrad …

**a)** … bei dem Rot eine große Chance hat, zu gewinnen.

**b)** … bei dem Rot und Blau etwa gleiche Gewinnchancen haben.

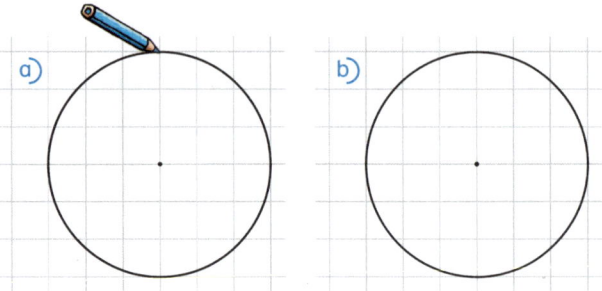

**2** Ergänze die Aussage passend zum möglichen Ergebnis des Glücksrades mit …

- … ist möglich, aber nicht sicher.
- … ist unmöglich.
- … ist sicher.

**a)**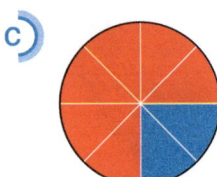

Dass Rot gewinnt, _____

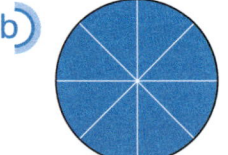

**b)**

Dass Blau gewinnt, _____

**c)**

Dass Rot gewinnt, _____

**d)**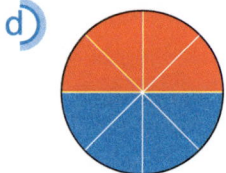

Dass Blau gewinnt, _____

**3** Formuliere eine Aussage passend zum möglichen Ergebnis der Glücksräder.

- … ist größer als die Chance, dass …
- … ist kleiner als die Chance, dass …
- … ist gleich groß wie die Chance, dass …

**a)**

Die Chance,
dass Rot gewinnt,

_____

**b)**

Die Chance,
dass Rot gewinnt,

_____

**c)**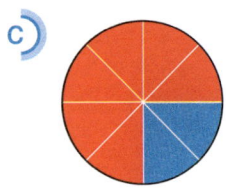

Die Chance,
dass Blau gewinnt,

_____

**d)**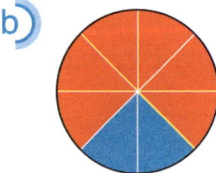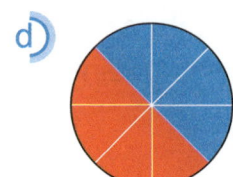

Die Chance,
dass Blau gewinnt,

_____

**e)** Besprich deine Ergebnisse mit einem anderen Kind.

 ★schätzen zu einfachen Zufallsexperimenten Gewinnchancen ein

## Glücksräder nach Gewinnchancen gestalten

**1** Kreuze die Aussagen an, die zu dem abgebildeten Glücksrad passen.

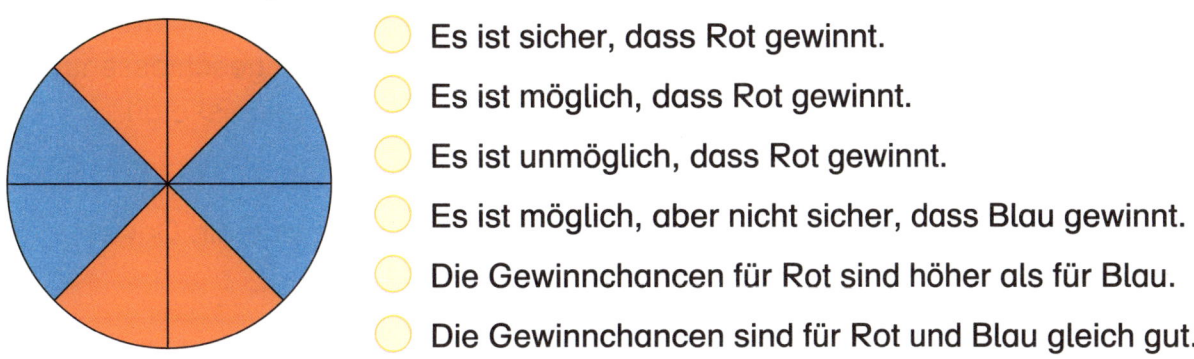

○ Es ist sicher, dass Rot gewinnt.

○ Es ist möglich, dass Rot gewinnt.

○ Es ist unmöglich, dass Rot gewinnt.

○ Es ist möglich, aber nicht sicher, dass Blau gewinnt.

○ Die Gewinnchancen für Rot sind höher als für Blau.

○ Die Gewinnchancen sind für Rot und Blau gleich gut.

**2** Male die Glücksräder so an, dass Rot und Blau die gleichen Gewinnchancen haben.

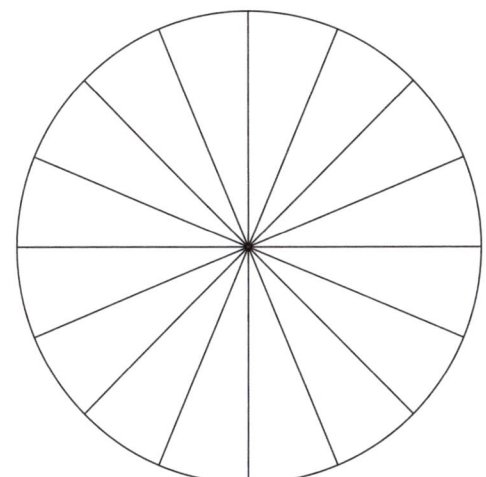
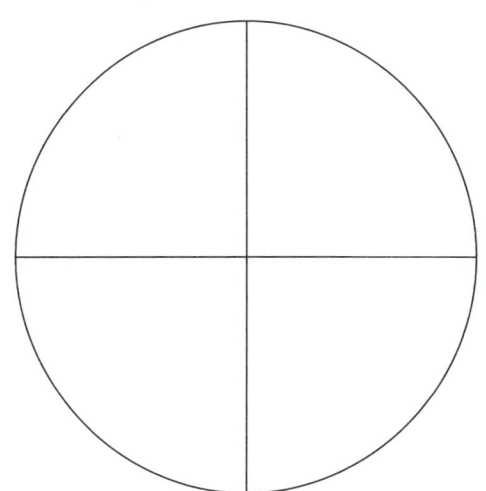

**3** Male die Glücksräder so an, dass …

**a)** … die Gewinnchance für Rot doppelt so groß ist wie die für Blau.

**b)** … die Gewinnchance für Blau dreimal so groß ist wie die für Rot.

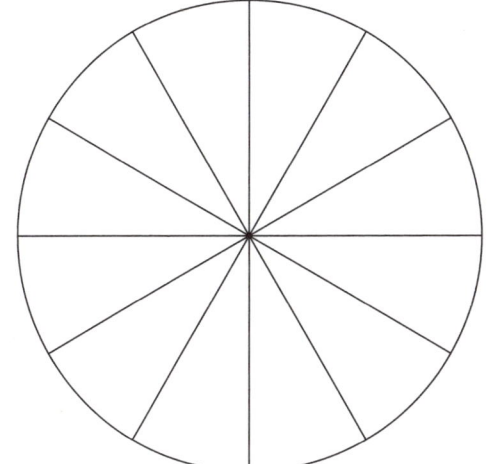
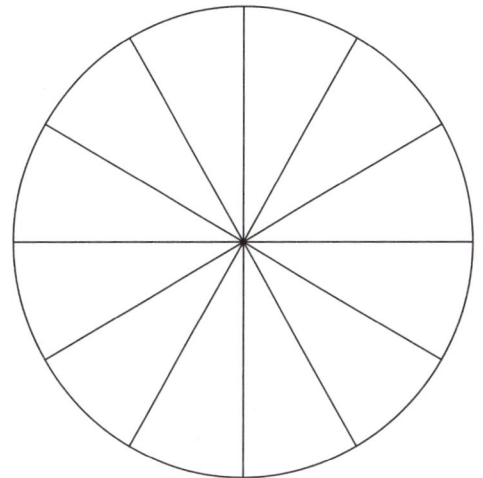

## Die Gewinnchancen von Losen bewerten

**1** In einem Säckchen sind drei Lose mit einem Gewinn (G)
und ein Los mit einer Niete (N).
Entscheide, ob deine Lose so aussehen können, wenn du mit geschlossenen
Augen drei Lose herausnehmen darfst. Kreuze mögliche Ergebnisse an.

○ A: Alle Lose sind ein Gewinn.

○ B: Ein Los ist eine Niete, zwei Lose sind ein Gewinn.

○ C: Alle Lose sind Nieten.

○ D: Ein Los ist ein Gewinn,
zwei Lose sind Nieten.

> Du kannst zusammen mit einem anderen Kind selbst mit Säckchen und Losen experimentieren.

**2** Hier sind noch weitere Säckchen mit Losen.

Es gibt Lose mit einem Gewinn (G) und Lose mit einer Niete (N).

A    B    C

**a)** Bei welchem Säckchen ist die Wahrscheinlichkeit
am größten, ein Los mit einem Gewinn zu ziehen?

**b)** Bei welchem Säckchen ist die Wahrscheinlichkeit
am kleinsten, ein Los mit einem Gewinn zu ziehen?

**c)** Stelle selbst Lose für ein Säckchen zusammen, bei dem die Wahrscheinlichkeit,
ein Los mit einem Gewinn oder ein Los mit einer Niete zu ziehen, gleich groß ist.

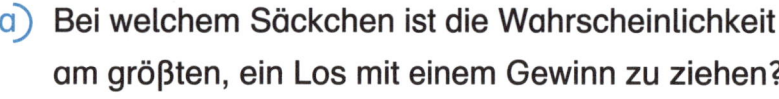

**d)** Stelle selbst Lose für ein Säckchen zusammen, bei dem es sicher ist, einen Gewinn
zu ziehen.

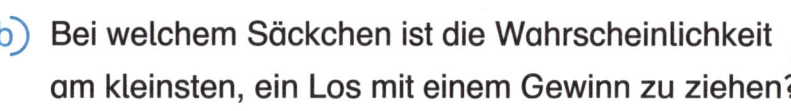

**3** Kreuze an, bei welchem Losstand du Lose kaufen würdest.
Begründe deine Entscheidung. Tausche dich mit einem anderen Kind aus.

| Losstand | Nieten | Lose insgesamt |
|----------|--------|----------------|
| ○ A | 40 | 80 |
| ○ B | 50 | 80 |
| ○ C | 50 | 70 |

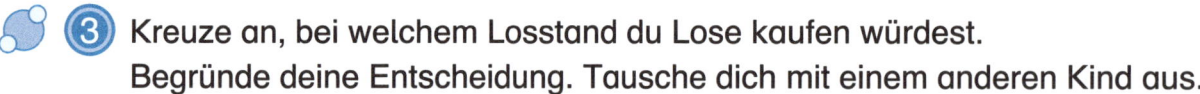

* schätzen zu einfachen Zufallsexperimenten Gewinnchancen ein, vergleichen die Ergebnisse
und überprüfen handelnd ihre Vorhersagen
* variieren die Bedingungen für einfache Zufallsexperimente systematisch

→ Ü Seite 56